KEN MOGI

NAGOMI

KEN MOGI

NAGOMI

DER JAPANISCHE WEG
ZU HARMONIE
UND LEBENSFREUDE

Aus dem Englischen
von Petra Huber
und Sara Riffel

DUMONT

INHALT

VORBEMERKUNG

Wie Sie am Titel dieses Buches erkennen können, handelt es von *nagomi*. Um das Konzept zu erklären, werde ich ausführlich auf die Japanerinnen und Japaner, ihre Kultur und Geschichte eingehen, womit nicht gesagt sein soll, dass diese Denkweise ausschließlich in Japan verbreitet ist. Weil es eine relativ kleine Inselnation ist, hat Japan zahlreiche äußere kulturelle Einflüsse – für die es seit jeher offen ist – mit Neugier und Begeisterung »importiert«. Historisch gesehen war vor allem der chinesische Beitrag bedeutsam, aber auch Einwirkungen seitens der koreanischen Halbinsel haben die japanische Kultur entscheidend geprägt und bereichert. Seit dem 19. Jahrhundert übernimmt Japan zudem begierig Elemente der westlichen Kultur.

Die Entwicklung einer Gesellschaft ist ein ineinandergreifender und fortlaufender Prozess. Tatsächlich betrachten wir Japaner die Gesellschaft immer schon als im steten Wandel begriffen, vergänglich und anpassungsfähig. Wir besitzen sogar ein Wort, das diese Philosophie treffend veranschaulicht: *ukiyo* – das bedeutet »fließende Welt«.

Dieser Begriff zeigt, welchen Stellenwert das Vergängliche im japanischen Leben hat; charakteristisch ist etwa die Würdigung der Kirschblüten beim *Hanami*-Fest im Frühling, die nach dem Aufblühen ihre Schönheit nur wenige Tage lang behalten. Das Konzept von *nagomi*, das sich in Japan auf einzigartige Weise entwickelt hat, mag es in ähnlicher Form auch in anderen Teilen der Welt geben, und es ist, was seine Wurzeln und Bedeutung angeht, sicherlich nicht auf unser Land beschränkt. Der Prozess kultureller Aneignung an sich ist ein Ausdruck von gelebtem *nagomi*, indem die japanische Kultur heimische und übernommene Elemente in Einklang zu bringen versucht.

In Japan gibt es viele unterschiedliche Auslegungen von *nagomi*. Ich bemühe mich, ein ausgeglichenes und umfassendes Bild von *nagomi* zu zeichnen, aber natürlich werden einige Leute anderer Meinung sein. Bei *nagomi* geht es um das Mischen und In-Einklang-Bringen verschiedener Faktoren, weshalb ich versuche, das Konzept von *nagomi* selbst im Zuge seiner Beschreibung in diesem Buch anzuwenden.

Mithilfe von *nagomi* werden Sie in der Lage sein, die folgenden fünf Säulen in die Tat umzusetzen:

1. **Führen Sie glückliche Beziehungen mit Ihren Liebsten, selbst wenn Sie nicht einer Meinung sind.**
2. **Lernen Sie Neues, und bleiben Sie sich dabei dennoch stets treu.**
3. **Finden Sie Frieden in allem, was Sie tun.**

4. **Mischen und verbinden Sie Ungleiches, um ein harmonisches Gleichgewicht zu schaffen.**
5. **Erlangen Sie ein tieferes Verständnis der japanischen Lebensphilosophie.**

Das Nachdenken über *nagomi* wird Ihnen – so hoffe ich – einige Anregungen für Ihr eigenes Leben liefern, etwa neue Erkenntnisse darüber, was eine glückliche und kreative Existenz ausmacht, wie man im Einklang mit anderen Menschen, der Natur und schließlich, vielleicht am wichtigsten, mit sich selbst lebt. Wenn Sie bislang niemals mit *nagomi* in Berührung gekommen sind, ist das völlig in Ordnung. Auch wenn das Konzept von *nagomi* auf einzigartige Weise in Japan entwickelt wurde, ist es in der heutigen Welt für alle Menschen bedeutsam. Sie können Ihr eigenes Leben im Sinne von *nagomi* gestalten und mit der Anwendung von *nagomi* direkt beginnen, sobald Sie dieses Buch gelesen haben.

Lassen Sie uns sofort damit anfangen.
Willkommen bei *nagomi*.

KAPITEL 1

NAGOMI FÜR ANFÄNGER

Es gibt viele verschiedene Wege zu einem erfolgreichen, kreativen und glücklichen Leben. Manche Menschen kommen voran, indem sie selbstbewusst, streitlustig und gelegentlich störend auftreten. Andere halten sich stärker bedeckt; sie sind dezent, posaunen die eigenen Vorzüge nicht hinaus und kritisieren andere nur selten. Trotz ihres fehlenden Geltungsdrangs können sie aber vieles erreichen. Ihre Erfolgsbilanz ist atemberaubend, und dennoch würden sie niemals damit prahlen.

Zur japanischen Lebensart gehört es, die direkte Konfrontation zu vermeiden, selbst wenn man nach Innovationen strebt. Natürlich gibt es jede Menge japanischer Erfolgsgeschichten. Nach Beispielen muss man nicht lange suchen: Sony, Toyota, Honda und Nissan – sie alle haben ihren Ursprung im Land der aufgehenden Sonne, und das sind nur einige der großen Firmen, die die Wirtschaft seit dem Zweiten Weltkrieg prägen. Und trotzdem sind die Japaner für ihre Reserviertheit bekannt. In der Regel sind sie bescheiden, nehmen eine Niederlage mit Würde hin und bleiben unauffällig bei einem Sieg. Sie behalten ihre Meinung für sich – was so weit geht, dass manche Leute das Schweigen unangenehm finden. Die Japaner haben viele wunderbare Dinge erreicht, ohne zwangsläufig die eigenen Vorzüge vor sich herzutragen.

Hinter der Stille und der Zurückhaltung japanischer Menschen steckt ein lang gehütetes Geheimnis: das Wissen darum, wie man im Leben Wohlbefinden und Harmonie erreichen kann. Im vorliegenden Buch geht es um genau diesen Weg zu innerer Erfüllung und Ausgeglichenheit.

Lassen Sie uns mit dem Kleingedruckten anfangen. Die meisten Selbsthilfebücher versprechen, Sie glücklich, wohlhabend oder erfolgreich zu machen – oder manchmal sogar alles drei. Tatsächlich wird in vielen Büchern Glück mit Reichtum und Erfolg gleichgesetzt. Im Gegensatz dazu geht es in diesem Buch nicht darum, Abkürzungen zu Glück, Erfolg oder Reichtum zu finden, sondern darum, die positiven Aspekte unseres Lebens zu verstehen und zu stärken, um die Schwierigkeiten auszugleichen, mit denen wir es alle unweigerlich zu tun bekommen. Es geht darum, den Wert unserer guten Eigenschaften, unseres Glücks und Erfolgs so weit wie möglich zu steigern, um unser Wohlbefinden zu verbessern und uns widerstandsfähiger zu machen. Diese Resilienz ermöglicht es uns, mit den negativen Dingen im Leben besser umzugehen. Dazu muss man allerdings anerkennen, dass es im Leben immer auch Unangenehmes gibt und dass die Ausgewogenheit von Gutem und Schlechtem und allem dazwischen unser Leben reicher und gehaltvoller macht. So wie etwas Säure oder Bitterkeit den Geschmack mancher Gerichte verbessert, so lernen wir, das Schöne in unserem Leben mehr zu schätzen, wenn wir schwierige Zeiten durchzustehen haben.

Was also ist das Geheimnis? Die Antwort lässt sich in einem Wort zusammenfassen:

NAGOMI.

Wenn Sie dieses Wort noch nie gehört haben, dann liegt das nicht an Ihnen. Selbst wenn Sie bereits eine Menge über andere Kulturen wissen, ist es Ihnen mit großer Wahrscheinlichkeit noch nicht untergekommen. Dieses ehrwürdige Konzept entspricht zwar dem Kern dessen, wofür Japan und seine Einwohner stehen, war aber dennoch lange Zeit das bestgehütete Geheimnis der japanischen Herangehensweise an Arbeit und Leben.

Dies ist – soweit ich weiß – das erste Buch, das *nagomi* dem Rest der Welt nahebringt. Es erkundet das Konzept von *nagomi*, seine Relevanz im heutigen Leben sowie seine historischen und kulturellen Hintergründe und stellt es zugleich in einen modernen Kontext.

Aber zuerst einmal: Was ist *nagomi*? Man könnte sagen, es steht für Gleichgewicht, Behaglichkeit und Ruhe von Herz und Geist. Bei *nagomi* kann es um die Beziehung zur eigenen Umwelt gehen oder um die Art, wie man mit anderen Menschen kommuniziert. Es kann – etwa beim Kochen – ein ausgewogenes Mischungsverhältnis von Zutaten bezeichnen, aber auch die eigene Geistesverfassung, wenn man mit sich selbst und der Welt im Einklang ist. Letzten Endes ist *nagomi* ein Zustand des menschlichen Bewusstseins, geprägt von einem Gefühl der Leichtigkeit, der emotionalen Ausgeglichenheit, des Wohlbefindens und der Ruhe. Entscheidend dafür ist etwa die Auffassung, dass es unterschiedliche Elemente gibt, nicht bloß ein einheitliches, zusammenhängendes Ganzes. In den *kanji* (der japanischen Version der chinesischen Schriftzeichen) wird es mit demselben Schriftzeichen (和) dargestellt wie *wa*, das Wort für »Harmonie«.

In semantischer Hinsicht ist *nagomu* ein intransitives Verb, das ein spontanes Erreichen des Zustands von *nagomi* wiedergibt. Das transitive Verb *nagomaseru* dagegen beschreibt den aktiven Prozess, verschiedene Komponenten zusammenzufügen und auf diese Weise eine harmonische Einheit zu erschaffen. Im täglichen Gebrauch stehen die Verben *nagomu* und *nagomaseru* dafür, Erleichterung von Stress, Spannung, Streit oder Sorge zu finden, die das moderne Leben leider kennzeichnen, in Japan ebenso wie anderswo. Das Wort *nagomi* ist außerdem mit *nagi* verwandt, einem Wort für »ruhiges Meer«. In manchen Zusammenhängen kann *nagi* Beschaulichkeit und Frieden ausdrücken.

Für *nagomi* als Wort mit so vielen subtilen und detailreichen Nuancen gibt es keine einfache Entsprechung. Seine Bedeutung verändert sich leicht, je nach Zusammenhang. In diesem Buch behandele ich deshalb die verschiedenen Aspekte von *nagomi*, um zu zeigen, wie es sich auf alle Bereiche des Lebens anwenden lässt.

Wegen seiner positiven Konnotationen ist *nagomi* in Japan ein beliebter Begriff. Restaurants, Altersheime, Grünteemarken, Eissorten, heiße Quellen, Hochzeitsplaner, Anbieter von *shinrin-yoku* (»Waldbaden«), die Wellnesseinrichtung eines Luxushotels, ein Orchester und eine Computerschriftart – sie alle tragen die Bezeichnung *nagomi*. Außerdem ist es der Name eines besonderen Zuges, der allein dem Kaiser vorbehalten ist. Der *Nagomi*-Zug wurde mit neuester Technologie und größter Sorgfalt konstruiert, wie es für die Japaner typisch ist. Er ist dunkelviolett – eine Farbe, die traditionell als aristokratisch gilt – und wird auf Hochglanz poliert. Wie genau der kaiserliche Waggon von innen aussieht, ist nicht bekannt, und der Zug darf ohnehin die meiste Zeit von kaum jemandem betreten werden. Bei seltenen Anlässen bekommt allerdings auch die Allgemeinheit die Chance, mit dem *Nagomi*-Zug eine besondere Strecke zu fahren, und in Berichten darüber hört man ausnahmslos, was für ein wunderbares Gefährt das sei. Dass *nagomi* der Name dieses qualitativ ausgesprochen hochwertigen Transportmittels ist, zeugt davon, wie stark *nagomi* in der kulturellen und historischen Tradition Japans geschätzt wird.

Bei *nagomi* geht es aber nicht bloß um Tradition. Es entwickelt sich weiter, da Japan seine Türen mehr und mehr für die Außenwelt öffnet. Zum Beispiel ist es auch die Bezeichnung für ein Besuchsprogramm für ausländische Touristen;

dabei heißen registrierte japanische Haushalte internationale Besucherinnen und Besucher willkommen und kochen für sie, um beim gemeinsamen Essen eine schöne Zeit zu verbringen.

Nagomi gilt als »Mutter« solch wichtiger Konzepte wie *wabi sabi* (Wahrnehmung von Schönheit), Zen, *kintsugi* (eine Reparaturmethode für Keramik), *ichigo ichie* (die Kunst, den Moment zu nutzen) und *ikigai* (Lebenskunst). Tatsächlich ist es nicht übertrieben, *nagomi* als Inbegriff japanischer Kultur und als zentral für die japanische Lebensphilosophie zu bezeichnen. Die überragende Bedeutung von *nagomi* kann bis zu der »17-Artikel-Verfassung« zurückverfolgt werden, die Prinz Shōtoku im Jahr 604 niederschrieb und die als erstes staatsrechtliches Dokument Japans gilt. In Artikel eins heißt es: »*Wa* ist bedeutsam«, wobei mit »*wa*« die chinesische, etwas förmlichere Darstellung des *Nagomi*-Konzepts gemeint ist. Der Verfassung zufolge beruht also die Entstehung der japanischen Nation auf dem Leitbild von *nagomi*.

Nagomi ist stark mit innerem Wohlbefinden verknüpft, aber man kann *nagomi* auch dann finden, wenn man nicht so glücklich ist. Denn es kann uns lehren, mit dem scheinbaren Fehlen von Glück oder sogar mit gelegentlichen Schicksalsschlägen besser umzugehen. *Nagomi* kann uns auch dabei helfen, bestimmte Situationen zu akzeptieren, selbst wenn sie nicht ideal sind. Das mag zunächst verwirrend klingen, aber ich werde noch erklären, wie *nagomi* uns viele Wege aufzeigen kann, stressfreier, entspannter und widerstandsfähiger zu werden. Und das Beste daran ist, dass es jedem helfen kann – egal, wer Sie sind oder woher Sie kommen.

Ich freue mich darauf, Ihnen das Konzept von *nagomi* vorzustellen, dem Herzstück der japanischen Lebensphilosophie.

Lassen Sie uns nun gemeinsam die Reise zu *nagomi* antreten.

KAPITEL 2

NAGOMI DES ESSENS

Wir wollen mit einem greifbaren Beispiel für *nagomi* anfangen: dem Essen.

Japan ist für seine kreative Verwendung von Nahrungsmitteln bekannt. Seine Küche gehörte schon immer zu den besten der Welt und ist sowohl in geschmacklicher als auch in gesundheitlicher Hinsicht sehr ausgewogen.

Nagomi steht im Zentrum der japanischen Kochphilosophie und ihrer Techniken. Exemplarisch hierfür ist *kaiseki*, womit das richtige Verhältnis der Zutaten eines Gerichts zueinander gemeint ist. Bei *kaiseki* geht es darum, die verschiedenen Gaben der Natur zur Geltung zu bringen; in diesem Zusammenhang stellt *nagomi* den Oberbegriff für den japanischen Ansatz dar, mit Speisen Harmonie zu erzeugen.

Im westlichen Außenbezirk von Japans alter Hauptstadt Kyoto liegt die Arashiyama-Region, die für ihre atemberaubend schönen Wanderwege zwischen Bambuspflanzen und beschaulichen Tempeln bekannt ist. Am Ufer des Oigawa, nahe der »Mondüberquerungs-Brücke« (Togetsukyo), befindet sich das mit drei Michelin-Sternen ausgezeichnete Restaurant Kyoto Kitcho Arashiyama. Es wird von Küchenchef Kunio Tokuoka, einem Enkel des Gründers Teiichi Yuki, mit Stolz geführt. Sollten Sie jemals das Glück haben, eine Reservierung in diesem weltberühmten Restaurant zu bekommen, dann machen Sie sich auf wahre kulinarische Kunst gefasst. Yuki war der erste professionelle Koch, der als »Person mit besonderen kulturellen Verdiensten« eine Medaille von der japanischen Regierung verliehen bekam, und zwar für seine Bemühungen, das Konzept von *kaiseki* zu modernisieren. Er wird als Pate der heutigen japanischen *Kaiseki*-Gepflogenheiten betrachtet, die inzwischen zu den wichtigsten kulinarischen Errungenschaften der Welt zählen.

Die *Kaiseki*-Küche hat ihren Ursprung in der großen Tradition der japanischen Teezeremonie und ist ein perfektes Beispiel für die praktische Anwendung von *nagomi*. Dabei geht es vor allem um die Harmonie zwischen verschiedenen sensorischen Elementen: Zunächst soll das Auge mit einer sorgsam arrangierten Choreografie der Zutaten erfreut werden, danach wird die Zunge mit exquisiten Aromen beglückt. Bei *kaiseki* werden Ingredienzien aus allen Bereichen von Land und Meer zu einem harmonischen Ganzen zusammengefügt. Dabei wird besonders viel Wert auf ansprechende Farben und Formen der Anordnung sowie auf die für Japan so typische Saisonalität gelegt.

Kenichiro Nishi, der berühmte Küchenchef des hervorragenden Restaurants Kyoaji in Tokio, vertraute mir einmal an, das Geheimnis seiner Kochkunst liege darin, dass er die

Jahreszeiten ernst nehme. In Japan werden die Jahreszeiten sehr differenziert wahrgenommen, und es gibt spezielle Wörter, um ihre verschiedenen Phasen zu beschreiben. *Hashiri* etwa bezieht sich auf den Beginn einer Jahreszeit, wenn die neuen Zutaten langsam auf den Markt kommen. *Nagori* bezeichnet hingegen das Ende der Saison, wenn die frischen Nahrungsmittel immer rarer werden. *Hashiri* und *nagori* werden von Feinschmeckern gleichermaßen geschätzt und herbeigesehnt, und wichtige Speisekomponenten werden zu unglaublich hohen Preisen gehandelt.

Nishi war allerdings davon überzeugt, dass die Zutaten in der Mitte der Saison (*sakari*) am wohlschmeckendsten seien. Zu diesem Zeitpunkt sind sie in großen Mengen erhältlich, weshalb die Kosten niedriger sind. Nishis Ansicht nach besteht die Aufgabe eines japanischen Kochs nicht darin, viel Aufhebens um seltene Ingredienzien zu machen und den Kunden horrende Preise dafür zu berechnen, sondern vielmehr darin, das Beste aus den einzelnen Bestandteilen zu machen, wenn sie reichlich vorhanden sind. *Kaiseki* – auch wenn es manchmal sehr teuer sein kann – ist eigentlich eine recht schlichte Küche mit den gebräuchlichsten Zutaten vom Land und aus dem Meer. Sie beruht auf einer bescheidenen und doch kreativen Kombination von Gaben der Natur; alle Aufmerksamkeit wird dem gewidmet, was einfach erhältlich ist. *Kaiseki* ist ebenso eine Geisteshaltung wie eine Art der Nahrungszubereitung, denn auch normale japanische Alltagskost kann den Geist von *nagomi* enthalten.

Beinahe alle Gerichte in Japan gelten als *okazu* (»Beilage«) zu Reis. Wenn Sie in einem japanischen Gasthaus (*ryokan*) übernachten, wird zum Frühstück typischerweise eine Auswahl an Speisen serviert, darunter Eingelegtes, *nori* (Meeresalgen), gebratener Fisch, mariniertes Gemüse, gewürztes Fleisch und *natto* (fermentierte Sojabohnen), zusammen mit dem allgegenwärtigen und beinahe obligatorischen Reis und der Miso-Suppe. Die meisten Lebensmittel auf einem japanischen Frühstückstisch sind so zubereitet, dass sie in Kombination mit Reis besonders gut schmecken. Mit anderen Worten: Diese Gerichte sind für den Verzehr mit Reis gedacht.

In Japan bringen Eltern ihren Kindern bei, beim Frühstück Reis und *okazu* abwechselnd zu essen, um das bestmögliche Geschmackserlebnis zu erzielen. Man kann auch mehr als ein *okazu* zusammen mit dem Reis essen, um eine Vielzahl von Zutaten gleichzeitig zu erschmecken. Diese Praxis, *kounaichoumi* (»im Mund kochen«) genannt, ist eine wunderbar greifbare Verkörperung von *nagomi*. Kein Geschmack steht für sich allein. Wenn man mit *nagomi* kocht und isst, müssen zwei Zutaten im Mund nicht miteinander konkurrieren. Vielmehr sollen die Aromen so kombiniert werden, dass sie sich auf der Zunge verbinden, um beim Esserlebnis die größtmögliche Harmonie zu erreichen.

Die berühmte japanische Bentōbox ist ein visueller Ausdruck der Methode des *kounaichoumi* und der dahinterstehenden *Nagomi*-Philosophie. In einer typischen Bentōbox befinden sich eine Portion Reis, oft in quadratischer Form, sowie mehrere Beilagen, die fein säuberlich wie die Teile eines Puzzles angeordnet sind. Ein »Hauptgericht« gibt es dabei nicht; alles wird in ordentlichen kleinen Portionen arrangiert und soll gut mit dem Reis harmonieren. Wie viele verschiedene Zutaten eine solche Box enthält, spielt keine Rolle, solange diese nur zusammen mit dem Reis *nagomi* erzielen. Es gibt auch eine elegantere Bentōbox namens *shokado*, die mit dem Geist des *kaiseki* verknüpft ist. Ursprünglich stammt sie aus dem Haus Shokado mit seinen Gärten im südlichen Außenbezirk von Kyoto; mittlerweile steht sie für raffinierte Küche im Bentō-Format. Viele gehobene Restaurants bieten *Shokado*-Bentō jenen Gästen an, die schnell etwas essen oder eine feine Mahlzeit mitnehmen wollen.

Die Zubereitung einer Bentō-Box war in Japan immer schon eine ernste Angelegenheit. Es ist hier nicht damit getan, ein paar belegte Brote und einen Apfel in eine braune Papiertüte zu stecken, wie es in manchen Teilen der Welt üblich ist. Um die Zubereitung wird so viel Aufhebens gemacht, dass es sogar Bücher über die Kunst der Bentōbox-Gestaltung gibt.

Das wichtigste Prinzip ist die Zubereitung verschiedener Zutaten in kleinen Portionen. Reis steht dabei immer im Mittelpunkt und vereint die anderen Komponenten. Den Reis können Sie auch durch andere Grundnahrungsmittel ersetzen, die in Ihrem örtlichen Supermarkt erhältlich sind, wie Brot, Nudeln, Kartoffeln, Couscous oder Ugali. Wenn Sie diverse Beilagen in kleineren Mengen zubereiten und sie zusammen mit dem Reis oder einem Grundnahrungsmittel Ihrer Wahl anrichten, haben Sie bereits die Essenz von *kaiseki* oder *shokado* erreicht. Nun müssen Sie nur noch *nagomi* erzielen – durch Ihr *kounaichoumi*, das »Kochen im Mund«!

Essen, das auf diese Weise serviert wird, sieht nicht nur ansprechend aus, die *Kaiseki*- und Bentō-Formate veranschaulichen auch mehrere Prinzipien und Vorteile von *nagomi* und der Methode des *kounaichoumi* bei der Nahrungsaufnahme. Erstens sorgen sie für die äußerst wichtige ausgewogene Ernährung. Zweitens bieten sich dem Koch dadurch viele Möglichkeiten, seine Fähigkeiten mit nur einer Mahlzeit unter Beweis zu stellen. Drittens lassen sich durch die Vielzahl von Zutaten verschiedene Gaben der Natur zusammen anrichten, was eine Ernährungsweise fördert, die im Einklang mit der Umwelt steht.

Eine derartige Herangehensweise ans Essen stößt bei den Bewohnern der Regionen, aus denen die Zutaten ursprünglich stammen, mitunter auf Unverständnis.

Ein interessantes Beispiel dafür sind Gyoza. Die Teigtaschen, die aus China kommen, sind in Japan inzwischen allgegenwärtig. Gaststätten, die sich auf Gyoza spezialisiert haben, werden immer beliebter. Ein Restaurant verkündet sogar stolz: »Gyoza und Bier sind *eine* Kultur«, was zweifellos mein Lieblingsspruch ist. Außerhalb Japans gelten Gyoza heute als wichtiger Bestandteil der japanischen Küche. Deshalb mag es vielleicht überraschen, dass Gyoza in Japan vollkommen anders zubereitet und gegessen werden als in ihrem Ursprungsland. Und das hat viel mit *nagomi* und insbesondere mit dem »Im-Mund-Kochen« *kounaichoumi* zu tun.

Ich habe einmal auf einem Kreuzfahrtschiff ein freundliches Streitgespräch mit einem chinesischen Pärchen geführt. Nein, es ging nicht darum, zu welchem Land irgendwelche umstrittenen Inseln gehören, sondern darum, ob es akzeptabel sei, Gyoza zusammen mit Reis zu essen – also als *okazu*. Das chinesische Pärchen fand dies unvorstellbar und beharrte felsenfest auf seiner Meinung. Für die beiden stellte es fast eine Art Sakrileg dar. Gyoza seien Gyoza, sagten sie, und sollten für sich gegessen werden, niemals mit Reis. Bei dem Gedanken, dass es auf diesem Planeten Menschen gebe, die so respektlos seien, Gyoza mit Reis zu essen, drehte sich ihnen förmlich der Magen um.

»Aber Gyoza sind toll«, protestierte ich. »In japanischen Restaurants sind Gyoza mit Reis ein sehr beliebtes Gericht. Man tunkt sie in würzige Sojasoße und isst sie mit Reis … Mhmm! Das schmeckt fantastisch.«

Die Chinesen schauten überrascht und schockiert, als hätten sie es mit einem Barbaren zu tun.

»Das mag sein … Die Geschmäcker sind verschieden. Aber wir finden es widerlich, Gyoza mit Reis zu essen.«

Und obwohl es ansonsten ein freundliches Gespräch war, konnten wir uns über diesen Punkt nicht einig werden.

Genau genommen sind die Gyoza, die in China gegessen werden, hauptsächlich *suigyoza* (gekochte Teigtaschen); sie werden in heißem Wasser gegart und in einer schmackhaften

Suppe serviert. *Suigyoza* besitzen eine weiche, feuchte Hülle. Bei den Gyoza, die in Japan so beliebt sind, handelt es sich um *yakigyoza* (gegrillte Gyoza) mit einer krossen Hülle und einer saftigen Fleisch- oder Gemüsefüllung. Selbst in Japan ist es eher unüblich, *suigyoza* mit Reis zu essen, auch wenn manche Leute (wie ich) das trotzdem tun. *Yakigyoza* mit Reis zu essen, ist in Japan dagegen weitverbreitet. Ich persönlich liebe in Sojasoße getunkte *yakigyoza* mit gedämpftem weißem Reis. (Schon beim Schreiben darüber läuft mir das Wasser im Mund zusammen ...) Jedenfalls ist es interessant, dass Gyoza sich so entwickelt haben, dass sie mit Reis schmackhafter sind als für sich allein genossen. Hierbei handelt es sich um eine typische Anwendung des Prinzips von *nagomi* (»zusammen besser«, drückt es in diesem Kontext aus) auf das ehrwürdige chinesische Gericht.

Das *Nagomi*-Konzept in der Praxis des *kounaichoumi* (»Kochen im Mund«) motiviert uns dazu, viele verschiedene Zutaten aus der Natur, von den Bergen bis zum Meer, miteinander zu kombinieren. Derselbe Geist findet sich auch in der japanischen Tradition wieder, verschiedene Gerichte zusammen mit Sake (Reiswein), dem typischen alkoholischen Getränk Japans, zu verzehren.

Izakaya sind japanische Kneipen, in denen Speisen und alkoholische Getränke angeboten werden; sie haben eine lange Geschichte, die mindestens bis zum Beginn des 8. Jahrhunderts zurückreicht. In den filmischen Meisterwerken des Regisseurs Akira Kurosawa, wie zum Beispiel *Yojimbo – Der*

Leibwächter und *Sanjuro*, sieht man Samurai – am denkwürdigsten ist der große japanische Schauspieler Toshiro Mifune in seinen Rollen als Sanjuro Kuwabatake und Sanjûrô Tsubaki –, wie sie es sich in einer *izakaya* gut gehen lassen. In einer modernen *izakaya* wird zwar eine breite Auswahl an alkoholischen Getränken angeboten, von Bier und Wein über Shōchū bis hin zu Whisky, aber das zentrale Getränk bleibt Sake.

Auf den *Izakaya*-Speisekarten finden sich viele verschiedene Gerichte, zu den Standards gehören jedoch Sashimi (roher Fisch), Edamame (Sojabohnenkerne), mariniertes Gemüse, Tofu, Yakitori-Spießchen, gebratenes Schweinefleisch und Yakisoba-Nudeln. Trotz der breiten Vielfalt haben alle Speisen in einer *izakaya* eines gemeinsam: Sie schmecken ausgezeichnet in Verbindung mit Sake und sind somit alle *tsumami* – ein Wort, das für die zahllosen Gerichte steht, die speziell als Begleitung zu Sake kreiert wurden. Heute kann sich *tsumami* auch auf Essen beziehen, das zusammen mit anderen alkoholischen Getränken wie Bier, Whisky oder Wein verzehrt wird. Man kann zum Beispiel Edamame als perfektes *tsumami* zu Bier oder Käse als hervorragendes *tsumami* zu Wein bezeichnen. Aber eigentlich bezieht sich *tsumami* auf Essen, das gut zu Sake passt. In einer *izakaya* zu sitzen, den Sake mit den verschiedenen *tsumami* zu probieren und zu erleben, wie sich im Mund ein köstliches *nagomi* entwickelt, ist einfach herrlich. Dies ist demnach eine weitere Anwendung von *kounaichoumi*, dem »Kochen im Mund«: Hier gibt der Sake den an sich schon schmackhaften *tsumami* den letzten Schliff.

Im westlichen Teil Japans sagt man übrigens häufig *ate* (ausgesprochen wie das französische Wort *pâté*) statt *tsumami*. Sollten Sie also einmal in Osaka in eine *izakaya* gehen, dann denken Sie daran, nach Sake und *ate* zu fragen statt nach Sake und *tsumami*. In früheren Zeiten verwendete man das Wort *sakana* für Gerichte, die gut zu Sake passten. Etymologisch betrachtet leitet es sich von der Kombination aus »Sake« und »*na*« ab, wobei Letzteres alle Zutaten oder Speisen bezeichnet, die den Hauptgeschmack (in diesem Fall Sake) begleiten. Alles, was zu Sake serviert wurde, war demnach *sakana*. Interessanterweise ist *sakana* im modernen Japanisch auch der Oberbegriff für verschiedene Fischarten. Das ist insofern nachvollziehbar, als Fischgerichte, vor allem Sashimi, hervorragend zu Sake passen. Und weil sich im modernen Japanisch *sakana* vorwiegend auf Fisch bezieht, sagen die Leute heute *tsumami* (oder *ate*) zu den kulinarischen Genüssen, die zu Sake gereicht werden.

Die Qualität von *okazu* oder *tsumami* wird also durch die Verbindung mit Reis oder Sake bestimmt. Nun wird Sake aus Reis hergestellt. Dass andere Nahrungsmittel vor allem daran gemessen werden, wie gut sie zu Reis oder Sake passen, unterstreicht den Status von Reis als wichtiger Nutzpflanze in Japan. Eigentlich ist er sogar die *wichtigste* Nutzpflanze, was man schon daran erkennt, dass der Kaiser persönlich jedes Jahr in seinem Palast feierlich Reis anpflanzt. Früher richtete sich die Größe der Ländereien, die ein Samurai-Krieger erhielt, danach, wie reich die Reisernte darauf ausfiel.

Auf einer philosophischeren Ebene symbolisieren Reis und Sake auch die Werte, die mit dem Ideal von *nagomi* assoziiert werden. Reis und Sake von bester Qualität zeichnen sich durch ihre Neutralität aus; sie drängen sich nicht in den Vordergrund und lassen sich in ihrer scheinbaren Bescheidenheit bemerkenswert gut mit anderen Zutaten und Aromen kombinieren, die im Vergleich viel farbenfroher und charaktervoller sind. Man könnte sogar das japanische Ideal des Ichs in der Gesellschaft mit gutem Reis oder Sake vergleichen, weil es darin besteht, möglichst unaufdringlich zu sein. Vielleicht empfinden es die Japanerinnen und Japaner deshalb auch als angemessen, dass der Kaiser, der stets zurückhaltend und bescheiden auftritt, jedes Jahr Reis anpflanzt. Reis und Sake gelten überdies in einem Shintō-Schrein als geeignete Opfergaben für die Götter; darin spiegelt sich die Vorstellung wider, dass Neutralität gute Schwingungen erzeuge.

Reis und Sake stellen allerdings nicht allein den Inbegriff von *nagomi* dar. Vielmehr gibt es zahlreiche Nahrungsmittel, die den Geist von *nagomi* verkörpern. Gerichte wie Ramen, Katsu-Curry und *oyako don* (Hühnchen und Ei auf Reis) sind allesamt aus Versuchen hervorgegangen, *nagomi* zwischen Japans einheimischer Kochkultur und Einflüssen aus dem Ausland herzustellen.

Im Laufe der Jahre haben wir in Japan Gefallen an verschiedenen Kochstilen aus aller Welt gefunden. Der japanische Ausdruck *wayochu* ist eine Zusammensetzung aus den Arten der Nahrungszubereitung, die in Japan (*wa*), im Westen (*yo*) und in China (*chu*) ihren Ursprung haben. Heute sind die meisten in Japan erhältlichen Gerichte *wayochu*. Überall im Land, egal, wie klein eine Stadt ist, finden sich Restaurants mit einer Auswahl an solchen Speisen. Häufig sind die Lokale auf einen Kochstil spezialisiert, manchmal werden aber auch alle drei serviert. Tatsächlich ist der westliche Einfluss in Japan so allgegenwärtig, dass es oft im Scherz heißt: »Die beste französische Küche gibt es in Japan.«

Katsu-Curry ist womöglich eines der japanischen Gerichte, die international die schnellste Verbreitung gefunden haben. Dies trifft, nach meiner Erfahrung, vor allem auf Großbritannien zu. Seit ich vor mehr als zwei Jahrzehnten eine Postdocstelle in Cambridge innehatte, habe ich England regelmäßig besucht. Es ist interessant zu sehen, welch breite Akzeptanz die japanische Küche in diesem einst gastronomisch so konservativen Land erfährt. Ich erinnere mich noch, wie schockiert ich war, als ich vor zehn Jahren einmal in einem Sushi-Restaurant in der Victoria Station zu Mittag aß und einen Briten »Katsu-Curry« bestellen hörte. Ich hätte nie gedacht, dass dieses beliebte japanische Gericht einmal so weit reisen würde. Nur ein paar Jahre später ging ich eine der belebtesten Straßen im Londoner Zentrum entlang und sah dort ein Werbeplakat für ein Restaurant, das von sich behauptete, »das beste Katsu-Curry der Stadt« zu servieren. Führt man sich die Herkunft des Katsu-Currys vor Augen, dann erkennt man, dass es ein schönes Beispiel für das *Nagomi*-Prinzip ist. Die Sitte, Fleisch zu essen, verbreitete sich in Japan erst durch den Einfluss des Westens und die damit einhergehende Modernisierung, während das Curry natürlich aus Indien stammt. Katsu-Curry steht deshalb für eine Mischung verschiedener Elemente aus aller Welt, die sich zu einem harmonischen Ganzen zusammenfügen – das ideale *nagomi* des Essens.

Auch Ramen verkörpern auf interessante Weise das Prinzip von *nagomi*. Ursprünglich stammen diese Nudeln aus China, aber heute strömen Menschen aus aller Welt in die Ramen-Restaurants in Japan. Das Ramen-Universum hat sich vergrößert, und inzwischen gibt es viele erstaunliche Varianten. In Tokio kann man Suppen auf der Basis von Salz, Sojasoße, Miso, Fisch, Schweineknochenmark, Hühnerknochen, Gemüse und vielem mehr probieren. Auch bei den Nudeln und den Garnierungen gibt es eine Vielzahl von Variationen. Der Fantasie sind keine Grenzen gesetzt. Tabus gibt es nicht – nur schmackhaft soll es sein. Mit anderen Worten: Alles ist möglich, solange die Zutaten in *nagomi* sind.

Japanerinnen und Japaner sind meist von Kindheit an mit *kounaichoumi*, dem »Im-Mund-Kochen«, vertraut, weshalb es wenig psychologische Barrieren hinsichtlich der Kombination ungewöhnlicher Zutaten gibt. Das Prinzip der freien Assoziation hat die Optionen der japanischen Küche stark erweitert.

Das bekannteste Ergebnis dieser durch *nagomi* begünstigten kulinarischen Flexibilität ist vermutlich Sushi. Hierbei zeigt sich ein erstaunlich variables Angebot. Betrachten wir zum Beispiel die Maki-Rolle. Es gibt mehrere traditionelle Maki-Stile, an die sich die gehobenen Restaurants in Tokio halten. Geht man in eine dieser Gaststätten und fragt nach nichttraditionellem Maki, erntet man vermutlich nur ein Stirnrunzeln. Dem Rest der Welt steht es jedoch völlig frei, vom Vorbild der Hüter dieser Tradition abzuweichen. Tatsächlich kann man Maki auf viele verschiedene Arten zubereiten, zum Beispiel als California Roll, Caterpillar Roll oder Alaska Roll – Varianten, die sich in Japan nur schwer finden lassen. US-Amerikaner mag es beispielsweise enttäuschen, dass California Rolls in Tokios etablierten Lokalen kaum verbreitet sind. Außerhalb Japans ist Lachs-Sushi äußerst beliebt; bestellt man so etwas aber in einem gehobenen Restaurant in Tokio, handelt man sich mit großer Sicherheit einen herablassenden Blick vom Sushi-Meister hinter der Theke ein. Lachs gilt nicht als authentischer Fisch der traditionellen Sushi-Zubereitung, vor allem deshalb, weil er meistens aus dem Ausland importiert wird. Der Sushi-Stil in Tokio und an anderen Orten Japans hat sich kaum verändert – zur Freude von Puristen und den Kennern unter den Touristen. Hat man jedoch den eng begrenzten traditionellen Sushi-Kreis verlassen, darf man tun und lassen, was man will, solange es *nagomi* ist. Man könnte sich das verrückteste Rezept ausdenken, und es wäre immer noch Sushi. Die Kreation von spielerisch-innovativem Sushi steht im Einklang mit all dem, was die Japaner mit der Zeit im Sinne von *nagomi* entwickelt haben.

In japanischen Restaurants, die *kaiten sushi* (»zirkulierendes Sushi«) anbieten, sitzt man am Tisch, und ein Förderband trägt diverse Gerichte auf kleinen Tellern an einem vorbei. Alles ist möglich und wird bereitwillig akzeptiert. Es kann sogar süßes Sushi mit Sahne und Schokolade geben oder welches, das von westlichen Speisen inspiriert ist, wie zum Beispiel Roastbeef-Sushi. Selbstverständlich bekommt man in einem *kaiten sushi* auch Lachs; Lachs-Sushi gehört in diesen Restaurants sogar zu den beliebtesten Gerichten.

Sushi ist eine wunderbare Umsetzung der *Nagomi*-Idee: Elemente aus vielen verschiedenen Kulturen können zu einem wohlschmeckenden Ganzen verbunden werden. Das Geheimnis der großen Flexibilität von Sushi liegt dabei erneut im Reis. Das allgegenwärtige weiße Korn bildet das Herzstück von *nagomi* in der japanischen Küche – es ist geradezu der Inbegriff von *nagomi* beim Kochen. Mit seiner Anpassungsfähigkeit hat der Reis es den Japanern erst möglich gemacht, viele ausländische Einflüsse willkommen zu heißen.

Katsu-Curry und Roastbeef-Sushi sind zwar auch außerhalb Japans erhältlich, doch abgesehen davon kann es schwierig sein, das ganze Spektrum von *nagomi* in der japanischen Küche wahrzunehmen, wenn man nicht in Japan lebt. Die Zahl der Gerichte, die auf dem *Nagomi*-Prinzip beruhen, ist endlos, und es werden ständig neue kreiert. Bis diese kulinarischen Neuheiten allerdings weitere Verbreitung finden, dauert es für gewöhnlich eine Weile. Das ändert sich jedoch gerade – inzwischen erhält man *nagomi* sogar schon in Flaschen.

Die japanische Whiskysorte Suntory ist so ein Beispiel. Seiichi Koshimizu, der in der Brennerei seit vielen Jahren als Chief Blender für das Verschneiden des Whiskys zuständig ist, entwickelte eine ganz eigene Herangehensweise, indem er die Eigenschaften jedes einzelnen Single Malt in den Fässern seiner Firma zur Geltung brachte. Seine Anwendung neuer Erkenntnisse auf sämtliche Stadien des Reifeprozesses brachte dem japanischen Whisky einen Spitzenplatz auf dem globalen Markt ein, sowohl in Bezug auf die Qualität als auch hinsichtlich des Ansehens. Heute sind die Hauptmarken von Suntory – viele von ihnen tragen einen Kanji-Namen wie Hibiki oder Hakushu – so beliebt, dass es den Beschäftigten der Firma verboten ist, den eigenen Whisky zu trinken: Es kann einfach nicht genug davon hergestellt werden, um die Nachfrage aus aller Welt zu befriedigen.

Mit demselben Einfallsreichtum erklärt sich auch die wachsende Beliebtheit japanischer Craft Gins – wovon der Autor mehr durch Zufall erfuhr.

Ein guter Freund von mir, Dan Ruderman, schrieb mir einmal eine E-Mail aus seiner kalifornischen Heimat. Darin schwärmte er von einem japanischen Gin, Kinobi, den er für den besten der Welt hielt. Ehrlich gesagt hatte ich bis zu jenem Tag noch nie etwas von Kinobi oder überhaupt von japanischem Craft Gin gehört. Dan beschrieb Kinobi als wohlriechend und erfrischend nuancenreich. Ich glaubte ihm sofort, denn ich kannte ihn als Menschen mit gutem Geschmack. Ein paar Wochen später saß ich bei einem Glas Wein in einer

Bar in Tokio. Ich erinnerte mich an Dans Worte und fragte den Barkeeper beiläufig, ob er Kinobi dahabe. Er bejahte und brachte mir ein Glas. Was ich dann probierte, öffnete mir wahrhaft die Augen. Die durchsichtige Flüssigkeit schmeckte wie nichts, was ich jemals zuvor gekostet hatte.

Kinobi, der in der Kyoto-Destillerie in Japans alter Hauptstadt hergestellt wird, ist ein gutes Beispiel dafür, was mit dem Prinzip von *nagomi* erreicht werden kann. Wie bei den großartigen Suntory-Whiskys ist es auch hier das Gleichgewicht der verschiedenen Elemente, das diesen Gin so besonders macht. Auf der offiziellen Website der Kyoto-Destillerie werden elf *botanicals* (Wacholderbeere, Veilchenwurzel, Hinoki, Yuzu, Zitrone, Gyokuro-Grüntee, Ingwer, rote Shiso-Blätter, Bambusblätter, Sansho-Pfeffer und Kinome) in sechs Aromagruppen (Basis, Zitrus, Tee, Gewürze, Früchte und Blumen sowie Kräuter) genannt. Unter dieser Fülle an Zutaten ist Yuzu – eine bestimmte Orangensorte mit einem ganz eigenen Geschmack, die in der japanischen Küche allgegenwärtig ist und inzwischen auch in den Küchen anderer Länder Einzug gehalten hat – vielleicht die wichtigste und dominanteste Komponente. Interessanterweise kommen die pflanzlichen Zutaten (insbesondere Yuzu, Gyokuro-Grüntee, Sansho-Pfeffer und Kinome) in der japanischen Küche regelmäßig zum Einsatz, darunter auch in den herrlichen *Kaiseki*-Gerichten.

Im Zuge der Assimilation fremder Elemente nach der Modernisierung Japans im 19. Jahrhundert bildeten sich – wie erwähnt – viele einzigartige japanische Formen von *nagomi* heraus, zum Beispiel Whisky, Gins, Katsu-Curry, *oyako don*, Gyoza und Ramen. All dies entsprang den Bemühungen, sich äußere Einflüsse auf kreative Weise zu eigen zu machen. Daraus lässt sich ableiten, dass *nagomi* das vielleicht wichtigste Prinzip in der japanischen Küche ist. Wenn *nagomi* zwischen den Bestandteilen erreicht wird, schmeckt ein Gericht gut, ja sogar himmlisch.

Auf die Zubereitung von Essen wird *nagomi* folgendermaßen angewandt:

Erstens verwendet man die Zutaten beim Kochen vorurteilsfrei, ungeachtet ihrer kulturellen oder geografischen Herkunft. *Nagomi* des Essens bedeutet, eine sehr offene Einstellung zu haben.

Zweitens werden die verschiedenen Ingredienzien auf eine Weise kombiniert und vermischt, dass ein Gleichgewicht entsteht, ohne das Ganze mit einer Soße zu übertünchen, egal, wie schmackhaft oder wirkungsvoll diese sein mag. Die japanische Küche ist berühmt dafür, dass jede einzelne Zutat sorgsam mit ihren eigenen Vorzügen zur Geltung gebracht wird, anstatt ihr einen bestimmten Geschmack aufzuzwingen. *Nagomi* des Essens ist demokratisch.

Drittens entstehen durch das Kombinieren und Vermischen von Komponenten neue Aromen und Texturen, oft mit unerwartetem und überraschendem Ergebnis. *Nagomi* des Essens ist also ein kreativer Prozess. Matcha-Eiscreme, also die Verbindung von Speiseeis (ein Lebensmittel westlichen Ursprungs) und Matcha (pulverisierte Teeblätter, ein typisch japanischer Pflanzenextrakt), ist ein gutes Beispiel für den kreativen Aspekt von *nagomi* beim Essen.

Und schließlich wäre *omakase*, die Auswahl des Kochs, zu nennen. Damit ist gemeint, dass ein Koch versucht, *nagomi* zwischen den verschiedenen Zutaten zu erreichen, die an einem bestimmten Tag erhältlich sind, indem er sie sorgfältig zubereitet und in der richtigen Reihenfolge und Kombination serviert. In Japan geht man davon aus, dass zwischen Gast und Koch eine Asymmetrie des Wissens besteht; deshalb ist es vielleicht besser, wenn der Koch oder die Köchin entscheidet, welche Elemente Verwendung finden, anstatt dem Gast die Auswahl zu überlassen. Je nach Jahreszeit wählt der Koch die besten verfügbaren Zutaten aus und bereitet sie mit den optimalen Mengen an Soßen und Gewürzen zu, damit der Gast das Essen nur noch sorglos wie ein Kind in den Mund stecken muss. Die vertrauensvolle Beziehung zwischen Gast und Koch beruht ebenfalls auf *nagomi.*

Wenn Sie also ein gutes japanisches Restaurant besuchen, sich an die Theke setzen und das *omakase* des Tages bestellen, können Sie damit rechnen, dass alles im Sinne von *nagomi* zubereitet wird. Sie werden eine Verbindung zu dem Koch verspüren, der Ihr Essen kreiert hat, so als würden Sie direkt mit ihm kommunizieren. In einem schönen japanischen Restaurant zu essen, wird Ihnen hoffentlich das Gefühl geben, mit dem Kern des Universums verbunden zu sein, und das ist *nagomi* zu verdanken.

KAPITEL 3

NAGOMI DES ICHS

Welche Berufe in einer Gesellschaft besonders hoch angesehen sind, verändert sich im Laufe der Zeit. Während früher die meisten japanischen Kinder und Jugendlichen professionelle Baseballspieler, Schauspieler, Sänger oder Anime-Regisseure werden wollten, zeigen Umfragen der letzten Jahre, dass inzwischen die Tätigkeit des Youtubers ganz oben auf der Beliebtheitsskala steht.

Das ist nicht nur in Japan so. Ryan Kaji, ein Elfjähriger aus Texas, war im Jahr 2020 der weltweit bestverdienende Youtuber: Allein im Jahr zuvor, im zarten Alter von acht Jahren, hatte er bereits 26 Millionen US-Dollar verdient. Sein Youtube-Kanal *Ryan's World* mit Videos, in denen er vor allem Spielzeug präsentiert und bewertet, hat derzeit mehr als 30 Millionen Abonnenten. Angesichts dieses enormen Erfolgs ist es nicht verwunderlich, dass Kinder und Jugendliche sich YouTuber zum Vorbild für ihre eigene Karriere nehmen.

Ein weiteres Beispiel ist Yutaka Nakamura, der unter dem Namen Yutabon bekannt ist. Er startete im Alter von nur acht Jahren mit Unterstützung seines Vaters einen eigenen You-

Tube-Kanal. Ich erinnere mich noch gut an meine erste Begegnung mit ihm im Jahr 2019 in Naha, der größten Stadt auf der Südinsel Okinawa Hontō. Der US-Autor David Buettner bezeichnet die Inselkette Okinawa in seinen Vorträgen über *ikigai* als »blaue Zone« mit besonders ausgeprägter Gesundheit und hoher Lebenserwartung. Tatsächlich werden manche der Bewohnerinnen und Bewohner Okinawas unglaubliche 110 Jahre alt, und ihre gute körperliche Verfassung wird insbesondere auf die Ernährung zurückgeführt. Yutabon war erst im Jahr vor unserem Treffen aus seiner Heimatstadt Osaka nach Okinawa gezogen und noch nicht so bekannt wie heute. Sein YouTube-Kanal thematisiert vorwiegend die Schwierigkeiten eines Heranwachsenden, der sich weigert, in die Schule zu gehen. Schon bald war der Name Yutabon in aller Munde.

Bei unserem Treffen schilderte Yutabon mir aufgebracht, wie unfair die Lehrkräfte ihn seiner Ansicht nach behandelten. Nach einem besonders unangenehmen Zwischenfall – ein Lehrer hatte sich geweigert, seine Meinung anzuerkennen – entschied sich Yutabon, nicht mehr zur Schule zu gehen und sich stattdessen den Lernstoff selbst beizubringen. Im März 2021 schloss er die Grundschule ab; da er sich die Haare blond gefärbt hatte, durfte er jedoch nicht an der Abschlusszeremonie teilnehmen. An japanischen Schulen gilt Schwarz als die einzige natürliche und daher angemessene Haarfarbe, und alle Schülerinnen und Schüler, die sich die Haare anders färben, haben mit Sanktionen zu rechnen. Manchen Kindern, die von Natur aus hellere Haare haben, wurde offenbar sogar befohlen, diese schwarz zu färben, was geradezu absurd anmutet.

Yutabons Geschichte ist interessant, da sie ebenso einzigartig wie allgemeingültig ist. Sie führt uns vor Augen, wie schwierig das Heranwachsen in einer Gesellschaft sein kann, in der ein starker Gruppenzwang herrscht. Gleichzeitig veranschaulicht sie, wie man *nagomi* mit anderen erreichen kann – sogar im Umfeld der Schule, das sich durch zu viele Regeln und zu wenig Nachsicht auszeichnet. Es ist wunderbar mitzuverfolgen, wie begeistert und glücklich Yutabon ist, wenn er lernt, wonach ihm der Sinn steht. Sogar für Erwachsene ist es inspirierend, seine Gemütsverfassung dabei zu beobachten.

Yutabons Geschichte erinnert an die Naoki Higashidas, des Autors von *Warum ich euch nicht in die Augen schauen kann: Ein autistischer Junge erklärt seine Welt*. In dem Buch schildert Higashida sein Aufwachsen in einer Umgebung, in der alle anders fühlten und dachten als er, und wie er es schaffte, seine Probleme zu bewältigen. Yutabons und Higashidas Erfahrungen sind außergewöhnlich, weil sie sowohl den Sieg der Individualität beschreiben als auch das Gelingen von *nagomi* mit der Gesellschaft. Der Werdegang der beiden mag nicht typisch sein, dennoch geben ihre couragierten Geschichten wichtige Impulse hinsichtlich der grundsätzlichen Gestaltung des eigenen Lebens. Sich mit andersartigen Menschen zu arrangieren, ist gelebtes *nagomi*.

Zahlreiche Probleme und Herausforderungen der modernen Welt hängen mit der Frage nach dem Ich zusammen. Den Vergleich mit anderen zu suchen, ist eine natürliche menschliche Eigenschaft. Doch beurteilen wir uns selbst allzu oft vor dem Hintergrund der scheinbaren Vorzüge anderer. So manche Redensart trägt dieser Tatsache Rechnung, wie zum Beispiel die englische Wendung *keeping up with the Joneses* (die für das US-Fernsehen umgemünzt wurde in *Keeping up with the Kardashians* und im Deutschen so viel bedeutet wie: »mit den Nachbarn – oder den Kardashians – mithalten wollen«), »die Kirschen in Nachbars Garten schmecken immer süßer« oder, so sagt man in Japan, »die Blume nebenan ist röter«. Während unserer gesamten Kindheit, Jugend und auch noch als Erwachsene spiegeln wir uns in anderen. Das ist ganz normal, kann jedoch problematisch werden, wenn wir unser Ich in einer größeren Gemeinschaft herausbilden und stabilisieren müssen. Schlimmstenfalls verleihen wir anderen – besonders uns nahestehenden Menschen – die Macht darüber, wie wir uns selbst wahrnehmen. Dieses Schicksal drohte Yutabon in der Schule, aber letztendlich wehrte er sich dagegen, dass ein Lehrer einen zu starken Einfluss auf die Herausbildung seiner Persönlichkeit ausübte.

Früher war die Anzahl der Leute, mit denen wir uns vergleichen konnten, auf unsere direkte Umgebung und unser gesellschaftliches Umfeld begrenzt. Seit einigen Jahren ermöglichen es jedoch soziale Netzwerke wie Twitter, Facebook, Instagram und TikTok, dass wir uns Millionen von Menschen weltweit zum Vorbild nehmen können. Zahlreiche Leute benutzen die Social-Media-Kanäle als Plattform zur Selbstdarstellung, um allen zu zeigen, wie cool, schön und interessant sie sind. Der scharfe Wettbewerb zwischen einzelnen Individuen in den sozialen Medien führt dazu, dass viele sich gedrängt fühlen, online ein bestimmtes Bild von sich zu kreieren, um sich vorteilhaft in Szene zu setzen. Dass das nicht unbedingt glücklich macht, brauche ich nicht zu betonen. Und genau hier kommt *nagomi* ins Spiel.

Um Lebenszufriedenheit zu erlangen, muss man *nagomi* finden. Der erste Schritt auf dem Weg dorthin ist Selbstakzeptanz. Diese Herausforderung gestaltet sich für jeden anders, da wir alle in unterschiedliche Lebensumstände hineingeboren werden. Vieles spricht dafür, dass ein Mangel an Liebe und Unterstützung in der Kindheit die Fähigkeit beeinträchtigt, die eigenen Gefühle zu beherrschen. Damit soll jedoch nicht gesagt sein, dass Kindheitserfahrungen unser Wohlbefinden in späteren Jahren zwangsläufig beeinflussen und überschatten müssen. Manche Menschen wachsen einfach in einer »glücklichen« Familie auf, während andere sich erst mühsam aus einer schwierigen Ausgangssituation herausarbeiten müssen.

Doch selbst wenn Sie Glück mit Ihrem Elternhaus hatten, heißt das nicht automatisch, dass Sie *nagomi* finden. In der Forschung über Lebenszufriedenheit (auch »Glücksforschung« genannt) spielt bekanntlich das kognitive Modell der »Fokussierungsillusion« eine wichtige Rolle. Dieser Begriff beschreibt die Tendenz, ein bestimmtes Defizit oder eine Unzulänglichkeit in den eigenen Lebensumständen zu stark zu gewichten und deswegen übermäßig unzufrieden (unglücklich) zu sein. Man kann nämlich übermäßig unglücklich sein, obwohl die Situation objektiv gesehen gar nicht so schlimm ist. Ein reicher Mensch hält sich vielleicht für körperlich unattraktiv; ein attraktiver Mensch hatte vielleicht Eltern, die sein Selbstwertgefühl untergruben; jemand mit angeborener Intelligenz besaß womöglich keinen adäquaten Zugang zu Bildung. Kaum jemand hat wohl das Glück, über alle Grundvoraussetzungen für ein gutes Leben zu verfügen. Es ist also entscheidend, dass Sie *nagomi* unter den besonderen Umständen finden, die Ihr Leben nun einmal ausmachen.

Wir wissen, dass kein Leben perfekt ist; dennoch denken viele, es gebe eine wundersame Lösung für sämtliche Probleme. Bekanntlich kann man Glück nicht mit Geld kaufen – und Liebe schon gar nicht –, und trotzdem glauben wir manchmal das Gegenteil. Oder vielleicht sind Sie ja der Meinung, dass das Studium an einer renommierten Universität das A und O für Ihr Leben wäre. Aber selbst wenn Sie das erreichen könnten, hätten Sie sich damit nicht automatisch all Ihrer Sorgen entledigt. Eine in Japan ansässige Pädagogin schilderte mir einmal ein Treffen mit studentischen Betreuern der Universität Harvard. Diese hatten ihr erzählt, dass manche der Absolventinnen und Absolventen sich selbst dann noch verloren und unglücklich fühlten, nachdem sie ihr Studium erfolgreich abgeschlossen und eine gut bezahlte Stelle gefunden hätten und mit ihren Familien in prächtige Häuser gezogen seien. In Japan gibt es ähnliche Geschichten: Menschen, die an den besten Universitäten des Landes in Tokio, Kyoto, Keio oder Waseda studiert haben, sind nicht zwangsläufig zufrieden mit ihrem Leben.

Zwei Metaphern können dabei helfen, die Perspektive zurechtzurücken: die silberne Kugel und der fliegende Teppich. Die silberne Kugel drückt die Vorstellung aus, es gebe eine entscheidende Maßnahme, die all unsere Probleme auf einen Schlag löse. Die Metapher vom fliegenden Teppich dagegen umfasst viele verschiedene Aspekte, die unser Dasein verbessern können. Zufriedenheit im Leben kann man nur durch die Kombination der diversen Aspekte erreichen, nicht dadurch, dass man auf einen einzelnen Schritt vertraut.

So etwas wie eine silberne Kugel, die das Monster zur Strecke bringt und alle Schwierigkeiten auf wundersame Weise beseitigt, gibt es im Allgemeinen nicht. Trotzdem neigen wir dazu, zu viel Zeit damit zu verschwenden, an den falschen Stellen nach einer solchen Antwort zu suchen. Der Glaube an die silberne Kugel ist einer der schädlichsten Irrtümer, denen wir in unserem Leben unterliegen können. Der Silberstreif am Horizont wird sich Ihnen vielleicht zeigen, die silberne Kugel werden Sie dagegen vermutlich nie finden.

Um sich glücklicher zu fühlen, sollten Sie also am besten auf eine Kombination unterschiedlicher Elemente setzen – beispielsweise in Ihren Beziehungen, Ihrer Arbeit und Ihrer Art zu leben. Das ist die Lösung im Sinne des fliegenden Teppichs:

Verschiedene Faktoren können Ihnen im Verbund dabei helfen, das Meer der Verzweiflung und der Schicksalsschläge in luftiger Höhe zu überqueren. So können Sie zu besserem *nagomi* mit sich selbst und Ihrer Umwelt gelangen. Der Ausweg besteht nicht darin, vor allem davonzulaufen, was uns unglücklich macht, oder uns einen besseren Job, eine andere Familie oder mehr Geld zu wünschen. Vielmehr können wir die Chance ergreifen, zu bleiben und *nagomi* zu finden.

Ein wesentlicher Schritt in Richtung *nagomi* ist ein gutes Selbstwertgefühl. Selbstvertrauen ist von Vorteil, wenn es nicht übertrieben ausgeprägt ist. Denn zu viel davon führt zu einem Ungleichgewicht im Leben. Einem Menschen mit einem übersteigerten Ego fehlen oft das Einfühlungsvermögen und die Bescheidenheit, über die ein guter Freund oder Lebenspartner verfügen sollte. Womöglich übersieht man dann zurückhaltendere Menschen und beharrt arrogant auf der eigenen Meinung, während man doch davon profitieren könnte, anderen zuzuhören – selbst wenn diese nicht so selbstbewusst wirken wie man selbst. Das *nagomi* des Selbstwertgefühls beruht auf dem Erkennen des wahren Ichs und auf dem Akzeptieren der eigenen Stärken und Schwächen. Ein wesentlicher Aspekt des *nagomi* des Ichs ist, die Dinge anzunehmen, die man nicht verändern kann. Eine Möglichkeit, dies auf Ihr Leben anzuwenden, besteht darin, anderen zu vergeben, anstatt an Zorn, Bitterkeit oder Schuldzuweisungen festzuhalten. Vergeben Sie sich selbst unbedingt Fehler, die Sie in Ihrer Vergangenheit begangen haben, und vergeben Sie auch anderen das, was sie Ihnen angetan haben. Ohne dieses Gleichgewicht können Sie kein *nagomi* erzielen.

Wenn Sie sich einmal akzeptiert haben, kann Ihnen die Kritik anderer nichts mehr anhaben. Was andere sagen oder tun, wird an Ihnen abperlen, da ein gutes Selbstwertgefühl der beste Schutz ist. Ein Freund von mir, der aus Australien stammt und jetzt in Tokio lebt, brachte das folgendermaßen auf den Punkt: »Es gibt immer jemanden, der klüger, reicher oder schöner ist als du. Aber vergiss nicht: Niemand versteht es so gut, du zu sein, wie du selbst.«

Ein anderer wichtiger Weg, um ein *nagomi* des Ichs zu erreichen, ist *gaman* – ein japanisches Konzept, das eng mit Beharrlichkeit verknüpft ist. *Gaman* bildet eine der wesentlichen Grundlagen des Zen-Buddhismus; seine Prinzipien werden seit Jahrhunderten weithin geschätzt und wurden insbesondere von den Samurai des Mittelalters angewandt. Nun glauben Sie vielleicht, dass die Samurai als Angehörige der herrschenden Klasse ihren eigenen Regeln gefolgt und ihre Werte für uns heute nicht mehr relevant seien. Aber das Gegenteil ist der Fall: *Gaman*, also Selbstdisziplin, könnte sogar als *der* ethische Grundsatz des 21. Jahrhunderts gelten. So ist etwa für das Leben in einem Raumschiff kaum eine bessere Tugend denkbar. Eine Reise zum Mars kann Monate, wenn nicht sogar Jahre dauern – und daher wäre die Bewahrung von *gaman* entscheidend, um den Mitpassagieren den nötigen Freiraum zu lassen und nicht übermäßig viel von den begrenzten Ressourcen an Bord zu verbrauchen. Tatsächlich wird bei der Rekrutierung von Astronautinnen und Astronauten heute schon Wert auf die Fähigkeit zur Selbstbeschränkung gelegt.

Wie sehr wir auch versuchen, unsere Lebensbedingungen zu verbessern, es wird uns nie gelingen, eine perfekte Welt zu erschaffen. Die Vorstellung, dass es so etwas geben könnte, hat sogar wiederholt zu dystopischen Zuständen geführt. Mithilfe von ein wenig *gaman* wären wir jedoch in der Lage, ein *nagomi* mit der fehlerhaften Welt um uns herum herzustellen.

Das *nagomi* des Ichs beruht also auf Selbsterkenntnis, Akzeptanz, Vergebung und Selbstwertgefühl. In seiner extremsten und einfachsten Form führt es zur Auslöschung jeglicher Egozentrik. Wie wir an den Beispielen von Yutabon und Higashida sehen können, zeigt sich in der japanischen Jugendkultur ein bemerkenswerter Ansatz, das Ich im gesellschaftlichen Umfeld zu entfalten, während gleichzeitig Teile des Ichs aufgegeben werden. Auf diese Weise kann man selbst dann, wenn man im Zentrum eines Social-Media-Hypes steht, ein Gefühl von meditativer Gelassenheit vermitteln. Die zentrale Weisheit des Zen-Buddhismus besteht darin, sich von irdischen Wünschen zu befreien und zu innerem Gleichgewicht zu gelangen, unabhängig von allem, was außen vor sich geht. Meditation verhilft Ihnen zu der erforderlichen Achtsamkeit. Sogar inmitten einer Schar von aufdringlichen Paparazzi lässt sich so die Ruhe eines Zen-Priesters bewahren. Und der Schlüssel, um das Zen des Ichs in der japanischen Gesellschaft verstehen zu können, ist Anonymität.

Auf den ersten Blick wirkt Hiroyuki Nishimura mit seiner legeren Kleidung und dem charakteristischen Kinnbärtchen wie ein ganz gewöhnlicher Mensch. Dabei ist er der Gründer des japanischen Internetforums *2chan*, das einmal das weltweit größte anonyme Imageboard war; heute ist er Eigentümer von *4chan*. (Übrigens finden manche, Hiroyukis Gesicht habe Ähnlichkeit mit der Guy-Fawkes-Maske, die die Mitglieder der Anonymous-Bewegung tragen. Dem kann ich nur zustimmen.) Solche Imageboards dienen dazu, sich mit anderen über die unterschiedlichsten Themen auszutauschen – über gemeinsame Interessen, etwa Anime und Manga, aber auch über ernsthaftere Themen wie Politik, Identität und geistige Gesundheit. Da die Nutzer anonym bleiben, können sie ihre Meinungen offener vertreten, ohne befürchten zu müssen, dafür verurteilt zu werden. In vielerlei Hinsicht ist diese Anonymität von Vorteil, sie kann aber auch fragwürdigen Aktivitäten wie Cybermobbing und Gewaltandrohungen Vorschub leisten. Ich habe Hiroyuki schon mehrmals getroffen; er tritt ungezwungen und bescheiden auf und äußert sich zu zahlreichen öffentlichen Themen, wirbt dabei aber fast nie für seine persönlichen Interessen. Er ist kein Mensch, der sich zu seinem eigenen Nutzen in den Vordergrund spielt, wie es viele der Influencer im Netz tun.

Hiroyukis Verhalten scheint mir charakteristisch für die japanische Internetkultur zu sein, wo der Geist der Anonymität – tatsächlich sind etwa die meisten Twitteraccounts in Japan anonym – und das Ethos des »Hier geht es nicht um mich« vorherrschen. Dieses Ethos hat letztlich viele interessante Memes hervorgebracht, darunter auch die Emojis – einen Bestandteil der Internetkultur, der heute nicht mehr wegzudenken ist. Die Piktogramme verdanken ihre Existenz der japanischen Neigung, sich hinter Memes zu »verstecken«, anstatt sich freimütig zu den eigenen Ansichten zu bekennen. Emojis sind also das Ergebnis eines *nagomi* zwischen dem Drang, sich auszudrücken, und dem Wunsch, anonym zu bleiben. Dasselbe gilt für die Welt der Animes. Seit vielen Jahren wird die Identität der meisten japanischen Synchronsprecher (*seiyu*) von Anime-Filmen nicht preisgegeben, und nur die wissbegierigsten und größten Fans wissen, um wen es sich handelt. Zwar sind Namen und Gesichter einiger weniger Synchronsprecher, die in bedeutenden Anime-Produktionen mitwirken, allgemein bekannt. Generell lässt sich jedoch sagen, dass die Welt der japanischen Animes wunderbar anonym ist, und viele *seiyu* werden auch heute nur an ihrer Stimme erkannt. Sie gehen ein *nagomi* mit der Anonymität ein und können dennoch ihre Persönlichkeit voll und ganz entfalten – ein gutes Beispiel für die typisch japanische Sichtweise der Individualität.

Das jüngste Phänomen in Japan sind die *vocaloid producers*. Der Vocaloid ist ein 2004 von Yamaha entwickelter Synthesizer, der künstlichen Gesang erzeugt. Seit Kurzem dient er auch als Plattform für junge Komponisten zur Veröffentlichung ihrer Werke. Unzählige dieser sogenannten *vocalo-p's* haben erfolgreich ihre Songs online gestellt, interpretiert von der künstlichen Intelligenz des Vocaloid. Dabei bleiben die meisten von ihnen anonym; sie verraten ihre Namen nicht und stellen auch keine Bilder von sich online. Einige der Videos werden millionenfach angeklickt und bringen ihren Schöpfern viel Geld ein. Tatsächlich kann man sagen, dass die Anonymität heute einer der bemerkenswertesten Trends in der japanischen Kulturbranche ist.

In Japan hat Anonymität immer schon eine große Rolle für die Konstruktion des Ichs im sozialen Gefüge gespielt. In der traditionellen *Waka*-Dichtung ist es anerkannte Praxis und bisweilen sogar in Mode, ein Werk als *yomihitoshirazu* (wörtlich: »Verfasser unbekannt«) zu veröffentlichen. Früher unterzeichneten Kaiser und andere Adelige, die ein *Waka*-Gedicht verfasst hatten, dieses gelegentlich mit »Verfasser unbekannt«, wenn das Thema oder die beschriebenen gesellschaftlichen Umstände heikel waren. Bei vielen der *waka* handelt es sich um romantische Liebesgedichte voll leidenschaftlicher Gefühle und ausgefallener Fantasien. In einem anonymen Gedicht aus dem 10. Jahrhundert wird beispielsweise der Wunsch geäußert, die Kirschblüten mögen so dicht fallen, dass die Straße darunter verschwinde und der oder die Geliebte nicht fortgehen könne. Oftmals fanden die *Yomihitoshirazu*-Gedichte Eingang in namhafte Gedichtsammlungen, die vom kaiserlichen Hof zusammengestellt wurden und unter der Schirmherrschaft des Kaisers standen.

Besonders bezeichnend ist das Beispiel der japanischen Nationalhymne »*Kimigayo*« (»Herrschaft Seiner Majestät«).

Ihr Text wurde in der Anthologie *Kokin-wakashū* (wortwörtlich: »Sammlung alter und moderner Gedichte«) um das Jahr 905 veröffentlicht, der Verfasser des Kurzgedichts ist unbekannt (*yomihitoshirazu*). In Japan genießt Anonymität seit jeher gesellschaftliche Akzeptanz. Sich ohne Angabe des eigenen Namens auszudrücken, ist allgemein so hoch angesehen, dass Verse eines unbekannten Verfassers sogar zum Hymnentext werden konnten.

Die japanische Nationalhymne ist weltweit eine der kürzesten; der vollständige Text lautet:

Kimigayo wa
Chiyo ni
Yachiyo ni
Sazare-ishi no
Iwao to narite
Koke no musu made

Eure Herrschaft währe
Tausend Generationen,
Achttausend Generationen,
Bis ein Steinchen
Zum Felsen wird,
Auf dem Moos sprießt.

Die Kultur der Anonymität ist im Land der aufgehenden Sonne tief verwurzelt; sie ist ein gutes Beispiel für ein *nagomi* des

Ichs mit der Gesellschaft, bei dem die Früchte der Kreativität nicht unbedingt einzelnen Individuen zugeschrieben werden müssen.

Anonymität bildet auch die Klammer, die die japanische Götterwelt zusammenhält. In Japan werden acht Millionen Götter (*yaoyorozu no kami*) verehrt – »acht Millionen« steht metaphorisch für die Unendlichkeit. Die Gottheiten sind daher nahezu anonym – nicht weil sie unbedeutend wären, sondern weil jede einzelne, egal, welche Bedeutung sie hat, nur einen Tropfen im riesigen Ozean der Götter darstellt, die als Herrscher über die Welt gelten. Ein Shintō-Schrein in Tokio etwa mag der einen oder anderen Gottheit geweiht sein, aber im religiösen System des traditionellen Shintoismus ist der Name des Gottes oder der Göttin für die Gläubigen letztlich unwichtig. Es ist, als verbeugten sie sich vor einem Götter-Kollektiv – oder anders ausgedrückt: vor einem *nagomi* von »acht Millionen« (unendlichen vielen) Göttern. In Japan werden Kulturschaffende, beispielsweise aus den Bereichen Manga, Anime, Gaming und Musik, oft »Götter« genannt, aber diese Bezeichnung hat keine tiefere theologische Bedeutung. Das Reich der Götter geht in der japanischen Vorstellung nahtlos über in die Welt der Künstler, und ein wichtiger verbindender Aspekt ist die Anonymität.

Die vergleichsweise geringe Bedeutung des Individuums innerhalb der Gesellschaft – insbesondere für den schöpferischen Prozess – ist ausgesprochen charakteristisch für die japanische Kultur. Man könnte meinen, dass ohne den Fokus auf das einzelne Wesen qualitativ minderwertigere Werke entstehen. Doch offenbar ist genau das Gegenteil der Fall. Denn wer die Fesseln der Ichbezogenheit abstreift, ist von vielen Einschränkungen befreit und kann so die kreative Energie voll und ganz ausschöpfen. Einige Menschen sehen die in Japan praktizierte Anonymität durchaus kritisch; gegen *2chan* wurde sogar eine Reihe von Klagen angestrengt. Doch brachte die Plattform, die von manchen als »Brutstätte gesellschaftlichen Übels« bezeichnet wird, erstaunliche Blüten der Kreativität hervor – was wesentlich auf die Kraft der Anonymität zurückzuführen ist.

Es wird Leute geben, die ihre unverwechselbare Persönlichkeit lieber frei ausdrücken und den gesamten Ruhm für sich beanspruchen. Andere denken vielleicht, ein Leben in Anonymität sei eine zweitklassige Existenz, verglichen mit dem glamourösen Starkult, der im Westen meist betrieben wird. Das mag sein. Dennoch könnte die Art, wie die *vocalo-p's*, die Synchronsprecher und der anonyme Verfasser des Texts der japanischen Nationalhymne ein *nagomi* zwischen dem Ich und der Gesellschaft herstellen – wenn nötig im Schutze der Anonymität –, zumindest für manche von uns als Inspiration dienen. So gewinnen die Möglichkeiten einer dynamischen Konstruktion des Ichs in der Gesellschaft einiges an Bandbreite.

Der wichtigste Aspekt ist wohl: Wenn Sie ein introvertierter Mensch sind, können Sie mithilfe dieser Techniken des gesellschaftlichen *nagomi* großen Erfolg haben und dennoch Ihre Privatsphäre wahren und so unnahbar sein wie der Mond am Nachthimmel.

Das *nagomi* des Ichs ermöglicht es Ihnen, Ihre unverwechselbare Identität innerhalb der Gesellschaft auszudrücken. In einer Zeit, in der Influencer und Echokammern oft eine zu große Rolle spielen, bietet Ihnen das *nagomi* des Ichs einen nachhaltigen und kreativen Weg, eine tragfähige Verbindung mit der Gesellschaft einzugehen und gleichzeitig eine gesunde Distanz zu wahren.

KAPITEL 4

NAGOMI
DER BEZIEHUNGEN

Unbestreitbar spielen Gefühle für unser Leben und unsere Beziehungen eine wichtige Rolle. Ohne Emotionen wäre es schwierig, erfolgreich mit anderen Menschen zu kommunizieren. Drückt man jedoch die eigenen Gefühle ungehemmt aus, können kleinere und größere Konflikte entstehen. Die Voraussetzung dafür, *nagomi* in Beziehungen mit anderen Menschen zu erreichen, ist ein seelisches Gleichgewicht – und in dieser Hinsicht verfügen die Japaner und Japanerinnen über eine beeindruckende Palette von Lebensstrategien.

Der bedeutsamste ethische Grundsatz von *nagomi* in Bezug auf den zwischenmenschlichen Umgang besteht darin, Harmonie zu wahren, selbst wenn dadurch Meinungsverschiedenheiten übertüncht werden. Eine entzweiende Konfrontation sollte um jeden Preis vermieden werden. Das schließt Uneinigkeit und lebhafte Diskussionen nicht aus – nur dürfen sie nicht in einem Zerwürfnis enden. Es führt zu nichts, egoistisch auf dem eigenen Standpunkt zu beharren und dadurch die Beziehung aufs Spiel zu setzen. Dies mag wie der völlige Gegensatz zur westlichen Vorliebe für hitzige Debatten und Auseinandersetzungen wirken; doch es spricht – etwa angesichts der heutigen Polarisierung in der Politik – viel für *nagomi*, die traditionelle japanische Kunst der Harmonie.

Das Kernstück von *nagomi* ist der Gedanke, dass die Beziehung selbst am wichtigsten ist. Zwar ist jeder einzelne Mensch wertvoll und unverzichtbar, aber es sind in erster Linie seine Beziehungen zu anderen, die sein Wesen ausmachen. Missverständnisse und Meinungsverschiedenheiten sollten deshalb um des Miteinanders willen ausgeräumt oder sogar unter den Teppich gekehrt werden. Besonders hilfreich ist dieses Prinzip bei Verbindungen, die wir nicht selbst wählen können – wie jene mit Familienangehörigen oder zum Teil auch mit Arbeitskolleginnen und -kollegen.

Oberflächlich betrachtet scheint das japanische Bestreben, *nagomi* in Beziehungen unbedingt zu erhalten, verstärkt noch durch die scheinbar zugeknöpfte Art der Japaner, im Widerspruch zur freien Meinungsäußerung und individuellen Entfaltung zu stehen. Dabei lassen sich ungezwungene Selbstdarstellung und *nagomi* durchaus in Einklang bringen. Um die ausgesprochen kreative Weise zu veranschaulichen, wie *nagomi* in der Interaktion von Ich und Umwelt geschaffen werden kann, lohnt ein Blick auf die japanische Gartenkunst.

Bei der Gestaltung traditioneller japanischer Gärten dient *shakkei* (»geliehene Landschaft«) dazu, *nagomi* zwischen der menschlichen Schöpfung und der sie umgebenden Welt zu erzielen. So entsteht ein Gleichgewicht zwischen der Gartenkunst und dem bereits bestehenden Umland. Die natürlichen

Gegebenheiten, zum Beispiel Flüsse und Berge, sind unveränderbar; daher wurden viele berühmte japanische Gärten nach dem Prinzip von *shakkei* angelegt. So »leiht« sich etwa der Garten Genkyu-en in Hikone den Ausblick auf die angrenzende Burg Hikone, ein architektonisches Meisterwerk aus der Zeit der Samurai, das zu den Nationalschätzen Japans zählt. Auch die berühmte Anlage der kaiserlichen Katsura-Villa in Kyoto beruht auf dem *Shakkei*-Konzept. Sollten Sie einmal die Gelegenheit haben, dorthin zu reisen, werden Sie begeistert sein von der Schönheit des Gebäudeensembles und des Gartens, der die umgebende Landschaft gekonnt mit einbezieht.

Das wohl spektakulärste Beispiel für *shakkei* ist das Sengan-en-Haus mit seiner Gartenanlage in Kagoshima, einer Stadt im Süden Japans, in der die Modernisierung des Landes begann. Sengan-en, das als UNESCO-Weltkulturerbe anerkannt ist, »leiht« sich die gesamte Kinkō-Bucht und den darin liegenden aktiven Vulkan Sakurajima im Sinne von *shakkei*. Bei einem Rundgang durch den Sengan-en-Garten scheint es, als wären der mächtige Vulkankegel und der Meeresblick Bestandteil der Anlage. Bäume, Felsen und Teiche des Parks sind so angeordnet, dass sie vor dem Hintergrund der Außenwelt am besten zur Geltung kommen. Dieses faszinierende Beispiel für Kreativität und *nagomi* ist auch heute noch inspirierend für Japanerinnen und Japaner sowie für Menschen aus aller Welt.

Idealerweise gelingt es in einem japanischen Garten, *nagomi* zwischen Kreativität und Natur zu erzielen. So entsteht ein Kontinuum zwischen dem, was der Mensch erschafft, und dem, was die Umgebung vorgibt. Diese Philosophie ist übertragbar auf die Art und Weise, wie wir in Japan unsere Beziehungen unterhalten und pflegen.

Sie sollten nicht versuchen, die Menschen um Sie herum zu verändern. Vielmehr sollten Sie sich darauf konzentrieren, eine eigene unverwechselbare Identität zu entwickeln. Im Sinne von *shakkei* können Sie im Wechselspiel mit anderen sogar ein besserer Mensch werden. Tatsächlich kommt die einzigartige Persönlichkeit in der Gesellschaft anderer häufig besser zur Geltung – deshalb bezeichnen Eheleute einander auch als »bessere Hälfte«. Interessanterweise fällt es uns wohl leichter, die eigene Identität kreativ auszudrücken, wenn wir *nagomi* in einer Partnerschaft erreicht haben.

Das japanische *en* kann mit »Beziehung« übersetzt werden, aber auch »Schicksal«, »Glück« oder »Zufall« ausdrücken. »*En* mit jemandem haben« bedeutet, dass das Verhältnis zu einem Menschen die Gesamtheit aller Verbindungen auf dieser Welt widerspiegelt. Das Gelingen einer Beziehung wird häufig *en* zugeschrieben, nicht persönlichen Anstrengungen. Es ist ein wesentliches Konzept, um verstehen zu können, wie *nagomi* mit anderen Menschen hergestellt werden kann.

Wie wichtig dies ist, zeigt sich vor allem angesichts von Konflikten. Unterschiedliche Meinungen und Werte sind unvermeidlich; dennoch ist es entscheidend, *en* zu bewahren und dadurch ein nachhaltiges *nagomi* zu erhalten.

In Japan gibt es eine eigene Kunstform, die der Wahrung von *nagomi* in Beziehungen gewidmet ist. *Rakugo*, die traditionelle Kunst des Geschichtenerzählens, veranschaulicht perfekt, wie das *Nagomi*-Prinzip insbesondere in Konfliktsituationen angewendet werden kann. Vermutlich stellt das Lachen im *rakugo* die größte Annäherung an *nagomi* in der Komödie dar – zumindest im Bereich der japanischen Unterhaltungstradition. Lachen ist eine erfolgreiche Methode, um *nagomi* in Beziehungen zu pflegen, da es die Fähigkeit fördert, sich von außen zu betrachten.

Im *rakugo* nimmt ein Erzähler die Perspektiven verschiedener Figuren ein; die vorgetragenen Geschichten handeln oft von Konflikten. *Shibahama* (»Strand von Shiba«) beispielsweise, ein berühmtes *Rakugo*-Stück, das im alten Tokio spielt, enthält eine Reihe lebhafter Gespräche zwischen einem Fischhändler und seiner Frau, die beide von einem einzigen Darsteller verkörpert werden. Diese Art humorvoller und zugleich ans Herz gehender Geschichten gehört zum Genre *Ninjo Banashi* (»sentimentale Erzählung«).

Ich gebe *Shibahama*, das ich seit meiner Kindheit unzählige Male gehört habe, hier aus dem Gedächtnis wieder. Je nach *Rakugo*-Künstler können Details der Handlung und der Figurengestaltung variieren. Die Version, die ich Ihnen nun erzähle, ist eine Art allgemeine Fassung, so wie ich sie in Erinnerung habe. *Shibahama* ist ein Meisterwerk der *Rakugo*-Tradition, das ganz wunderbar zum Ausdruck bringt, was es heißt, *nagomi* in Beziehungen zu erhalten.

Und so geht die Geschichte: Der Fischhändler Kumagoro hat viele treue Kunden, die ihn für die Qualität seiner Ware rühmen. Dann jedoch entdeckt Kumagoro seine Vorliebe für Sake (was man ihm angesichts der ausgezeichneten Qualität des japanischen Sake nicht verdenken kann, nicht wahr?). Als Fischhändler muss er tagtäglich im Morgengrauen aufstehen, um auf dem Markt Fisch einzukaufen und diesen für seine Kunden vorzubereiten. Doch weil Kumagoro so viel trinkt, schafft er es nicht mehr, in aller Frühe aufzustehen, und wenn er endlich zum Markt kommt, ist der beste Fisch bereits verkauft. Seine Kunden – alles Feinschmecker, für die nur das Beste gut genug ist – merken das natürlich und wenden sich einer nach dem anderen von ihm ab. Aus verletztem Stolz tut Kumagoro so, als wäre ihm das gleichgültig. Damit setzt sich der Teufelskreis fort: Kumagoro trinkt noch mehr, bis er morgens gar nicht mehr aus dem Bett kommt.

Eines Tages – Kumagoro hat am Vorabend wieder zu sehr dem Sake zugesprochen – weckt ihn seine Frau und drängt ihn, auf den Markt zu gehen. Aufgrund ihrer Ermahnungen kommt Kumagoro noch vor Sonnenaufgang dort an. Um die Müdigkeit abzuschütteln, begibt er sich an den Strand, wo er im Licht der aufgehenden Sonne etwas liegen sieht. Er tritt näher und stellt fest, dass es sich um eine Geldbörse handelt. Als er sie zu Hause öffnet, findet er darin fünfzig goldene Ryo (was heute etwa fünfzigtausend US-Dollar entspricht). Kumagoro kann sein Glück kaum fassen und beginnt, das Geld mit beiden Händen auszugeben. Der gutherzige Fischhändler bestellt flaschenweise Sake und kostspielige *tsumami* wie Sashimi und Sushi und lädt seine Freunde zu einem Festmahl ein. Nachdem alle nach Herzenslust gegessen, getrunken und gefeiert haben, geht Kumagoro, wieder einmal stark berauscht, ins Bett.

Als er am nächsten Morgen erwacht, ermahnt ihn seine Frau, auf den Markt zu gehen. Lachend sagt Kumagoro, dass er das nicht nötig habe – schließlich sei ihm das Glück hold gewesen und er habe viel Geld gefunden. Kopfschüttelnd erwidert die Frau, sie habe keine Ahnung, wovon er spreche. Er müsse das geträumt haben – sie wisse nur, dass er am Vortag furchtbar viel ausgegeben habe und jetzt bis über beide Ohren verschuldet sei. Kumagoro ist wie vor den Kopf geschlagen. Er ist sich sicher, dass er die Börse gefunden hat; je länger er aber mit seiner Frau spricht, desto mehr Zweifel steigen in ihm auf, und in seiner Erinnerung verschwimmt alles. Schließlich räumt Kumagoro ein, dass er das Ganze womöglich nur geträumt habe. Entsetzt erkennt er, wie sehr ihm der Alkohol die Sinne vernebelt haben muss. Und da er ein braver Mann ist, schwört er, nie wieder Sake zu trinken, und begibt sich zum Fischmarkt.

Von diesem Tage an widmet sich Kumagoro seiner Arbeit eifriger denn je. Weil er ein Auge für guten Fisch hat und exzellent mit ihm umzugehen weiß, kehren seine Kunden zu ihm zurück, und er gewinnt viele neue hinzu. Rasch wächst sein Wohlstand.

Ein paar Jahre später feiern Kumagoro und seine Frau den Silvesterabend. Inzwischen gehört ihnen ein Fischladen an der Hauptstraße, und sie führen ein Luxusleben, das kurz zuvor noch unvorstellbar gewesen wäre. Seine Frau dankt ihm für die harte Arbeit, die er geleistet hat, und sagt, sie müsse ihm etwas gestehen.

»Erinnerst du dich noch an die Geldbörse, die du am Strand beim Fischmarkt gefunden hast?«

»Ja, aber ich dachte, das hätte ich nur geträumt.«

»Das ließ ich dich glauben, da ich Angst vor den möglichen Folgen hatte. Als du an jenem Tag eingeschlafen warst, fragte ich einen weisen alten Mann um Rat. Der sagte, es sei falsch, das Geld zu behalten, und empfahl mir, die Börse den Behörden zu übergeben. Ich folgte seinem Rat. Am nächsten Morgen redete ich dir ein, alles sei nur ein Traum gewesen. Du glaubtest mir und warst danach fleißiger denn je. Da während der ganzen Zeit niemand Anspruch auf das Geld erhoben hat, gaben uns die Behörden die Börse zurück. Das Geld gehört nun ganz offiziell dir. Verzeih mir bitte, dass ich dich belogen habe.«

Kumagoro lauscht voller Staunen. Er hat die Börse damals also wirklich gefunden und nicht nur davon geträumt.

»Bist du wütend auf mich?«, fragt die Frau scheu.

Kumagoro antwortet lächelnd: »Nein, meine Liebe, ich bin nicht wütend. Es ist deiner Klugheit und Umsicht zu verdanken, dass ich zur Besinnung kam und den Wert ehrlicher Arbeit wieder erkannt habe. Hätte ich das Geld damals ausgegeben, wäre man mir auf die Schliche gekommen und die Behörden hätten mich bestraft. Du hast mich davor bewahrt. Ich habe dir dafür zu danken.«

Vor Freude beginnt Kumagoros Frau zu weinen. Was für eine glückliche Beziehung sie beide doch haben!

»Möchtest du ein wenig Sake?«, fragt sie dann.

»Ich trinke nicht mehr.«

»Heute darfst du dir etwas gönnen. Es ist Silvester, und wir haben einen Grund zum Feiern.«

»Es ist aber kein Sake im Haus.«

»Oh doch. Ich habe schon alles vorbereitet.«

Kumagoros Frau holt den Sake, der die ideale Trinktemperatur hat.

»Ah, was sehe ich!«, ruft Kumagoro aus. Über das ganze Gesicht strahlend, schnuppert er an dem Becher mit Sake. »Grüß dich, alter Freund. Wie lang ist das her. Und wie gut du riechst. Ah, Sake ist einfach ein Genuss.«

Kumagoro setzt den Becher an die Lippen, doch dann hält er inne.

»Stimmt etwas nicht?«, fragt seine Frau.

»Ich trinke lieber doch nicht.«

»Wieso?«

»Es könnte wieder alles nur ein Traum gewesen sein.«

Nach dieser herrlichen Pointe verbeugt sich der *Rakugo*-Meister und tritt ab. Damit endet einer der berühmtesten und beliebtesten *Rakugo*-Vorträge.

Im Hinblick auf *nagomi* sind Aufbau und Darbietungsweise eines *Rakugo*-Stücks ungemein aufschlussreich. Die Tatsache, dass nur ein Schauspieler sämtliche Figuren verkörpert, spiegelt den Geist von *nagomi* in Beziehungen wider – schließlich müssen der Erzähler und mit ihm das Publikum abwechselnd verschiedene Standpunkte einnehmen. In längeren Erzählungen mit komplexer Handlung schlüpft ein *Rakugo*-Meister mitunter in mehr als zehn verschiedene Rollen. In *Shibahama*, in dem der Darsteller den Fischhändler Kumagoro und seine Ehefrau mit ihren unterschiedlichen Positionen sowie je eigener Stimme mimt, kommt der Leitgedanke von *nagomi* wunderbar zum Tragen.

An *rakugo* kann man das Bemühen der japanischen Gesellschaft erkennen, gegensätzlichen Standpunkten zum Trotz *nagomi* zu erhalten. Am Schluss dieser Erzählungen wird die Harmonie zwischen den Figuren in der Regel wiederhergestellt – was zutiefst bewegend sein kann.

Die *Rakugo*-Kunst enthält ein Element, das für die Art, wie wir Japaner *nagomi* in Beziehungen erzielen, grundlegend ist: *zatsudan*.

Zatsudan bedeutet so viel wie »Small Talk«. Das Adjektiv *zatsu* steht für die Themenvielfalt in einer Unterhaltung; *dan* verweist auf den originellen persönlichen Erzählstil, der sich in einem Gespräch offenbart. *Zatsudan* bezieht sich also auf die unterschiedlichen und oft unerwarteten Unterhaltungen, die Leute beim Teetrinken, Abendessen oder bei einer zufälligen Begegnung auf der Straße führen. Damit verkörpert es den Geist von *nagomi* im Gedankenaustausch und ist wesentlich für die Kommunikation. Tatsächlich hat sich die Kunstform des *rakugo* wohl aus *zatsudan* entwickelt: Bereits in der Edo-Zeit (1600–1868), während der Herrschaft der Samurai, traten Vortragende mit unterhaltsamem *zatsudan* vor reichen Kaufleuten und Gönnern auf.

Zatsudan ist spontan und kreativ; im *rakugo* kommt es auf wunderbare Weise beispielhaft zum Einsatz. In den Theatern Tokios reagiert der *Rakugo*-Meister üblicherweise auf das anwesende Publikum und passt Details seines Auftritts ad hoc an. Deshalb gibt es von klassischen Meisterwerken wie *Shibahama* verschiedene Versionen. In der Tradition des *Sandaibanashi* (»Drei-Themen-Geschichte«) entwickelt der *Rakugo*-Künstler aus dem Stegreif eine Erzählung, ausgehend von drei Motiven, die ihm die Zuschauer vorgeben. *Shibahama* wurde im 19. Jahrhundert von dem legendären *Rakugo*-Meister Sanyutei Encho erdacht; als Basis hatten ihm die Wörter »Trunkenbold«, »Geldbörse« und »Strand von Shiba« gedient, die damals vom Theaterpublikum vorgeschlagen worden waren.

Zatsu, der erste Bestandteil des Begriffs *zatsudan*, drückt auch etwas Erhabenes, ja sogar Edles aus. Man kann das Wort mit »vielfältig«, »wild« oder »andersartig« übersetzen, und es ist in den unterschiedlichsten Kontexten gebräuchlich. So lautet etwa der japanische Begriff für »Zeitschrift« *zatsushi*, verschiedenartige Pflanzen werden *zatsuso* und gemischtrassige Katzen oder Hunde *zatsushu* genannt. *Zatsu* steht also für die unerschöpfliche Reichhaltigkeit des Lebens, feiert seine Diversität.

Zatsu kann jedoch auch bisweilen negativ konnotiert sein. Denn die Japaner lieben nicht nur die Verschiedenartigkeit, sondern auch ihr Gegenteil, die Reinheit. Für eine idealisierte Vorstellung von Reinheit steht der Begriff *ma*, ein Adjektiv, das zum Beispiel in *mashiro* (»reines Weiß«), *maatrashii* (»reine Neuheit«, sprich: etwas Brandneues) und *magokoro* (»reines Herz«) zu finden ist. Damit *nagomi* in Beziehungen gelingen kann, müssen *zatsu* (»Vielfalt«) und *ma* (»Reinheit«) im Gleichgewicht sein. Allgemein geht die japanische Philosophie davon aus, dass wir zum Leben unbedingt beides, Reinheit *und* Vielfalt, brauchen. Wie ich in Kapitel 2 gezeigt habe, braucht es für die Praxis des *kounaichoumi* (»Kochen im Mund«) sowohl Reis (das Reine) als auch *okazu* (das Verschiedenartige); erst durch diese Kombination entstehen schmackhafte Mahlzeiten, die die Voraussetzung für ein langes, gesundes Leben bilden. Und der große kulinarische Genuss in einer *izakaya* verdankt sich der Verbindung von Sake, der aus Reis hergestellt wird und daher rein ist, und *tsumami*, also diversen Gerichten.

Zu *nagomi* zu finden, bedeutet in erster Linie das Erzielen eines Gleichgewichts in sämtlichen zwischenmenschlichen Beziehungen. In romantischen Verbindungen kann das besonders schwierig sein, da die Liebe selbst die ausgeglichensten Menschen durcheinanderbringen kann.

Romantisches Empfinden ist seinem Wesen nach nicht auf Dauer angelegt. Die Innigkeit zwischen Romeo und Julia hatte nur vier Tage lang Bestand. Ich überlasse es Ihnen, sich auszumalen, was geschehen wäre, wenn das Paar mehr Zeit gehabt hätte. Man kann nur hoffen, dass die beiden im Laufe der Zeit *nagomi* in der Liebe gefunden hätten.

In *Ochazuke no Aji* (*Der Geschmack von grünem Tee über Reis*), einem der weniger bekannten Filme des japanischen Regisseurs Yasujirō Ozu (über ihn werde ich in Kapitel 6 ausführlicher sprechen), kommt *nagomi* in der Liebe hervorragend zum Ausdruck. In diesem Film durchlebt ein Ehepaar eine Beziehungskrise. In den Augen von Taeko (verkörpert von Michiyo Kogure) ist ihr Ehemann Mokichi (Shin Saburi) ein Langweiler, für den sie keine Liebe mehr verspürt. Das Paar lebt nebeneinander her, bis Mokichi von seiner Firma überraschend auf eine Geschäftsreise nach Uruguay geschickt wird. Die Abreise ihres Mannes ist Taeko gleichgültig, sie begleitet ihn nicht einmal zum Flughafen. Doch als Taeko allein zurückbleibt, wird ihr klar, wie wichtig ihr Mann für sie ist. Bei Mokichis unerwarteter Rückkehr – laut seiner Aussage gab es einen Schaden am Flugzeug – ist Taeko überglücklich. Die Eheleute gehen in die Küche und bereiten sich eine Schüssel *ochazuke* zu (ein simples Gericht aus Reis, über den Grüntee gegossen wird). Es ist zwar kein besonders romantisches Essen mit Kerzen, Champagner oder einem Tischtuch aus weißem Leinen, aber die zarte Liebe der Eheleute füreinander wird in dieser Schlussszene des zutiefst bewegenden Films deutlich.

Hätte ein solcher Film wohl auch außerhalb Japans gedreht werden können – in Ländern, in denen das Ideal romantischer Liebe vorherrscht? Für ein durchschnittliches japanisches Publikum – zumindest im Erscheinungsjahr 1952 – war das augenscheinlich banale Ende nur zu verständlich; damals waren arrangierte Ehen, in denen Romantik keine Rolle spielt, in Japan noch weitverbreitet. Eine gemeinsam genossene Schüssel *ochazuke* ist vielleicht sogar noch im heutigen Japan das beste Symbol für die Liebe. Zu *nagomi* in einer Beziehung gehört es eben auch, sich auf eine Weiterentwicklung einzulassen. Der Versuch, das »romantische« Gefühl zu bewahren, das man zu Beginn einer Liebesbeziehung verspürt, führt in eine Sackgasse. Das Leben besteht aus Veränderungen, und es gibt kaum etwas Schöneres, als gemeinsam zu wachsen.

KAPITEL 5

NAGOMI DER GESUNDHEIT

Japanerinnen und Japaner genießen weltweit die höchste Lebenserwartung und erfreuen sich auch der besten Gesundheit. Dass Japan etwas Besonderes an sich hat, das einem langen und gesunden Leben zuträglich ist, darüber wurde schon in früheren Zeiten spekuliert.

Einer chinesischen Legende zufolge schickte der Kaiser Qin Shi Huang einst den Alchemisten und Entdecker Xu Fu über das Japanische Meer, um das Elixier des Lebens zu suchen. Qin Shi Huang (259–210 v. Chr.) war der erste Kaiser des vereinigten Chinas, der Begründer der Qin-Dynastie. Obwohl er unfassbar mächtig war, galt seine größte Furcht der Unausweichlichkeit des Todes. Deswegen sandte er den berühmten Xu Fu zum sagenhaften Berg Penglai, wo das Elixier des Lebens zu finden sein sollte, das angeblich jedem, der es trinkt, ewiges Leben schenkt.

Zu Qin Shi Huangs Pech kehrte Xu Fu nie von seiner Reise zurück. Der Legende nach soll er den sagenumwobenen Berg Penglai tatsächlich gefunden und dort das Paradies entdeckt haben, was ihn bewogen habe, einfach dortzubleiben, anstatt dem ihn sehnsüchtig erwartenden Kaiser Bericht zu erstatten.

Ich persönlich habe das Elixier des Lebens zwar auch noch nicht entdeckt, bin aber davon überzeugt, dass das geheime Rezept für Langlebigkeit in Japan zu finden ist. Und es beruht nicht etwa auf einem magischen Trank, sondern auf einer ganzheitlichen Herangehensweise ans Leben, deren Kernstück *nagomi* ist.

Auch die Gesundheit der Menschen in Japan ist im Wesentlichen auf *nagomi* zurückzuführen. Natürlich haben die Verbesserungen der Lebensbedingungen und die Fortschritte in Wissenschaft und Technik in vielen Ländern die Lebenserwartung erhöht. In Japan kommen jedoch noch die Vorzüge von *nagomi* hinzu, nämlich die Erkenntnis, dass unser aller Wohlbefinden von vielen Faktoren abhängt, zwischen denen ein Gleichgewicht hergestellt werden muss.

Stoßen wir im Leben auf Schwierigkeiten, so neigen wir dazu, uns auf eine einzelne Lösung zu konzentrieren, weil uns das gedanklich leichter fällt. Wir schlucken etwa Vitamin-D-Tabletten, anstatt draußen spazieren zu gehen – eine Aktivität, die in Japan *shinrin-yoku* (»Waldbaden«) genannt wird – und Sonnenlicht zu tanken, obwohl Letzteres viel effektiver und nachhaltiger wäre.

Die Unterschiede zwischen den beiden Ansätzen der silbernen Kugel und des fliegenden Teppichs habe ich bereits erläutert. Das *nagomi* der Gesundheit sollte in jedem Fall dem Ansatz des fliegenden Teppichs folgen. Verschiedene Faktoren im Leben miteinander in Einklang zu bringen, ist dabei das Grundprinzip.

Ein weiteres wesentliches Element besteht darin, sich die eigenen Wünsche klarzumachen. Mein letztes Buch handelte vom Konzept des *ikigai*, das mit dem *nagomi* der Gesundheit eng verwandt ist.

Ikigai weist viele verschiedene Aspekte auf. Selbst kleine Dinge im Leben, beispielsweise mit dem Hund Gassi gehen oder sich morgens eine Tasse Tee zubereiten, können Ihr *ikigai* sein. Ganz allgemein gesprochen geht es bei *ikigai* um Flexibilität und Akzeptanz – hinsichtlich der Mitmenschen wie auch der eigenen Person.

Um *ikigai* zu verstehen und auf das eigene Leben anzuwenden, muss man zunächst wissen, was *ikigai nicht* ist. Es ist keine Ideologie mit einer Liste von Dingen, die man tun oder nicht tun darf. In einem weitverbreiteten Mengendiagramm wird *ikigai* mit vier sich überschneidenden Kreisen dargestellt, die jeweils für das stehen, »was man gerne macht«, »was die Welt braucht«, »womit man Geld verdienen kann« und »was man gut kann«. Die Schnittmenge zwischen dem, »was man gerne macht«, und dem, »was die Welt braucht«, ist mit »Mission« bezeichnet; die zwischen dem, »was die Welt braucht«, und dem, »womit man Geld verdienen kann«, wird »Berufung« genannt; die Schnittmenge zwischen dem, »womit man Geld verdienen kann«, und dem, »was man gut kann«, ist die »Profession«; und in jener zwischen dem, »was man gut kann«, und dem, »was man gerne macht«, steht der Begriff »Passion«.

Woher dieses Diagramm stammt, ist nicht ganz klar, aber es ist auf keinen Fall japanischen Ursprungs. Japaner würden bemängeln, dass eine solche Darstellung von *ikigai* wenig intuitiv und viel zu eingeschränkt ist. *Ikigai* wird damit als etwas definiert, das alle vier Kriterien erfüllen muss. Das ist jedoch zu restriktiv formuliert. Natürlich wäre es eine gute Sache, über etwas zu verfügen, das sämtliche aufgeführten Bereiche abdeckt, aber das wäre fast zu schön, um wahr zu sein. Sollten Sie ein *ikigai* haben, das all diese Kriterien erfüllt, dann umso besser – generell ist es aber nicht ratsam, danach zu streben. Es könnte zur Besessenheit werden und Sie der Freiheit berauben, ein flexibles Leben zu führen und überhaupt Ihr *ikigai* zu finden.

In Wahrheit hat *ikigai* nichts mit Mengendiagrammen zu tun, es ist viel flexibler und toleranter. Vielleicht lieben Sie das Musizieren, beherrschen es aber nicht sonderlich gut. Das ist vollkommen in Ordnung, und Sie können darin trotzdem Ihr *ikigai* finden. Womöglich ist das Malen für Sie ein Hobby, und auch wenn Sie damit kein Geld verdienen, ist das wunderbar, solange Sie Spaß daran haben. Es könnte auch sein, dass Sie etwas studieren wollen, obwohl die Welt es nicht braucht – dennoch wäre es Ihr perfektes *ikigai.* Damit etwas zu Ihrem *ikigai* werden kann, müssen Sie begeistert davon sein. Alles andere ist nebensächlich.

Der ungarische Psychologe Mihály Csíkszentmihályi erforschte den sogenannten Flow – jenen Geisteszustand, in den man gerät, wenn man total in etwas aufgeht. Im Flow schöpft man seine Fähigkeiten voll und ganz aus und empfindet die eigene Tätigkeit als zutiefst beglückend. Man verliert jedes Zeitgefühl und erreicht einen Zustand der Selbstvergessenheit. Im Flow wird man eins mit dem, was man tut. Und genau das ist ein wichtiges Element von *ikigai* und dem *nagomi* der Gesundheit.

Ganz praktisch betrachtet, spielt die Ernährung eine entscheidende Rolle für ein auf *nagomi* beruhendes Leben. Läuft man durch die Straßen Tokios, so fällt auf, dass es dort viel weniger übergewichtige Menschen gibt als in anderen Ländern – es sei denn natürlich, man begibt sich nach Ryogoku im Ostteil Tokios, wo viele Sumoställe zu finden sind. Die Sumoringer nehmen beruflich bedingt an Gewicht zu, und die traditionelle Sumo-Küche – *chanko* genannt – ermöglicht es ihnen, voluminöser zu werden und trotzdem gesund zu bleiben. Unter *chanko* versteht man vorwiegend schmackhafte Suppen aus Gemüse, Fisch und Fleisch, die mit Soja oder Miso gewürzt sind und zu den weniger bekannten Köstlichkeiten der japanischen Küche gehören. Die überraschende Beweglichkeit der übergewichtigen Sumoringer verdankt sich ihrer exzellenten Ernährungsweise.

Von den Sumoringern einmal abgesehen, ist es in Japan allgemein Sitte, maßvoll zu essen und zu trinken. Es gilt das Ideal des *harahachibu*, was wörtlich »Bauch zu achtzig Prozent voll« bedeutet. Der Gedanke dabei ist, mit dem Essen aufzuhören, bevor man richtig satt ist, also wenn der Magen erst zu achtzig Prozent gefüllt ist. Dies ist eine vernünftige Strategie, um übermäßiges Essen zu vermeiden. Es dauert nämlich eine Weile, bis die Nahrung, die man zu sich nimmt, den Magen-Darm-Trakt erreicht hat und auch Hormone einem das Gefühl geben, richtig satt zu sein. Folgt man beim Essen diesem Prinzip, erzielt man damit *nagomi* des Appetits – vermutlich eine der gesündesten Angewohnheiten, die man sich zulegen kann.

Ein wunderbares Beispiel für *harahachibu* findet sich bei den Zen-Priestern. Der Eiheiji-Tempel in der Präfektur Fukui in der Region Chūbu auf Honshū ist eine der ehrwürdigsten Schulen für buddhistische Priester in ganz Japan. Ich führte einmal eine Reihe äußerst interessanter Gespräche mit Jikisai Minami, einem Zen-Priester, der mehr als zehn Jahre an dieser Schule verbrachte. Er erzählte mir von der recht bescheidenen Kost, die die Schüler des Tempels zu sich nehmen (manch einer würde sagen: zu erdulden haben). Sie beruht auf dem Prinzip des *ichiju issai*, was wörtlich »eine Suppe, ein *okazu* (Beilage)« mit Reis bedeutet. Obwohl die Portionen klein sind und nur aus wenigen Zutaten bestehen, resultieren diese Mahlzeiten aus der gesammelten Weisheit vieler Jahrhunderte – eine vorwiegend mündlich überlieferte Tradition – und fördern Körper und Geist der jungen Priester während ihrer anstrengenden Lehrzeit (im Sommer stehen sie für gewöhnlich um drei Uhr morgens auf und im Winter um vier Uhr, um bei Sonnenaufgang zu meditieren).

Die Ernährung ist ein wichtiger Aspekt der buddhistischen Ausbildung. Für die jungen Priester ist die Nahrungsaufnahme tatsächlich eine Form der Meditation. Sie essen schweigend, um die Kost, die ihnen zuteilwird, angemessen zu würdigen. Außerdem essen sie stets alles so sauber auf, dass sie das Essgeschirr, wenn sie fertig sind, einfach in ein Tuch wickeln und für die nächste Mahlzeit wiederverwenden können.

Jikisai Minami erwarb einen Abschluss an der Waseda-Universität in Tokio – eine der renommiertesten Universitäten Japans – und verbrachte danach mehr als ein Jahrzehnt im Eiheiji-Tempel, um sich zum buddhistischen Priester ausbilden zu lassen. Er erzählte mir, dass die traditionellen Mahlzeiten hinsichtlich der Nährstoffe und Portionsgrößen perfekt ausgewogen seien, sodass die jungen Priester, sobald sie im Tempel ihre Ausbildung begonnen hätten, sich bester Gesundheit erfreuten. Ihre Haut ist jugendlich und rosig, und ihre Körper sind schlank und beweglich. Die Eiheiji-Priester strahlen eine Eleganz aus, die sich mit der von Models bei einer Pariser Modenschau messen kann. Nach dem Beginn seiner Lehrzeit in Eiheiji habe er sich deutlich größerer Beliebtheit bei den Frauen erfreut, berichtete mir Jikisai (ja, im modernen Japan dürfen buddhistische Priester heiraten). Allerdings ist nicht jeder für das anstrengende Leben an einer Zen-Schule und die dortige Ernährungsweise geschaffen. Als ich einmal mit dem Taxi zum Eiheiji-Tempel fuhr, erzählte mir der Fahrer, dass er manchmal junge Priester zum nächsten Bahnhof bringe, die das Leben im Tempel nicht mehr ertrügen. Sie wollten in eine Welt zurückkehren, in der sie essen dürften, was und so viel sie wollten. Was nur menschlich sei, wie der Taxifahrer freundlich lachend anmerkte.

Natürlich kann nicht jeder von uns Zen-Priester werden, aber auch im weltlichen Leben sollten wir auf eine ausgewogene Ernährung achten. *Nagomi* der Gesundheit bedeutet, abwechslungsreich zu essen. Interessanterweise ist selbst der Durchschnittsjapaner, der nicht sonderlich auf seine Gesundheit achtet, bestrebt, sich vernünftig zu ernähren. Heutzutage wächst in Japan das Bewusstsein dafür, wie wichtig es ist, eine Vielzahl unterschiedlicher Lebensmittel zu sich zu nehmen, die einzelnen Zutaten und Zubereitungsarten zu kennen und die Auswirkungen der Nahrungsmittelproduktion auf die Umwelt zu berücksichtigen. Das Konzept des *shokuiku* (»Ernährungserziehung«) wird unter Japanerinnen und Japanern zunehmend populärer.

Dr. Teiji Nakamura, ein Arzt, der sich mit der Bedeutung der Ernährung für die Vorbeugung von Krankheiten befasst, lobt die Raffinesse der japanischen Kost und ist davon überzeugt, dass sie Menschen weltweit als Vorbild dienen kann. Mit viel Engagement setzt er sich für eine ausgewogene Ernährung zur Gesundheitsförderung ein. Dr. Nakamura und anderen Experten ist es zu verdanken, dass die Mittagsmahlzeiten, die heutzutage an japanischen Grundschulen serviert werden, Musterbeispiele für *nagomi* der Ernährung sind.

Ein weiterer Vorteil der japanischen Kost liegt darin, dass sie eine gesunde Darmflora begünstigt. Fermentierte Lebensmittel wie Miso und Shoyu spielen in der japanischen Küche eine wichtige Rolle. Ursprünglich wurde die Technik des Fermentierens erfunden, um zu einer Zeit, als es noch keine Kühlschränke gab, Esswaren und Getränke haltbar zu machen. Inzwischen weiß man, dass solche Lebensmittel eine äußerst positive Wirkung auf das Verdauungssystem und die Abwehrkräfte des Körpers haben. Bei der Fermentierung wandeln Mikroorganismen wie Bakterien, Hefen und Pilze Zucker und Stärke in Nahrungsmitteln in Alkohol oder Säuren um, die als natürliche Konservierungsstoffe dienen. Miso und Shoyu werden in japanischen Haushalten praktisch jeden Tag verzehrt. Erfreulicherweise wächst auch im Westen die Beliebtheit fermentierter Lebensmittel wie Kombucha, Kimchi und Kefir.

Der Genuss solcher Esswaren und Getränke bietet viele Vorteile für die Gesundheit. Die Umwandlung von Zucker und Stärke verbessert den natürlichen Gehalt an »guten«, sogenannten probiotischen Bakterien in der Nahrung. Diese sollen bei der Bewältigung zahlreicher Gesundheitsprobleme helfen und insbesondere die Verdauung fördern.

Wie die Ernährung, so ist auch die Bewegung ein wichtiger Aspekt des *nagomi* der Gesundheit. Die buddhistischen Mönche widmen sich einer Vielzahl von körperlichen Betätigungen. Das Harken der Gärten und Reinigen der Tempelböden gehören zur Ausbildung dazu. Manche Mönche laufen gar nächtliche »Marathons« um bestimmte Berge – mitunter bis zu tausend Tage lang – mit dem Ziel, Erleuchtung zu erlangen. Aus moderner Sicht könnte man dies als Fitnesstraining zur Förderung von *nagomi* der Gesundheit bezeichnen, das letztlich zu geistiger Ausgeglichenheit führen soll.

Neben diesen traditionellen Formen der gesunden Körperertüchtigung gibt es weitere wertvolle Möglichkeiten, um ein *nagomi* der Gesundheit zu erreichen, wie etwa *shinrin-yoku*, das »Waldbaden«.

Idee und Praxis des *shinrin-yoku* erfreuen sich überall auf der Welt wachsender Beliebtheit, und seine Entstehungsgeschichte ist recht interessant. *Shinrin-yoku* ist ein relativ neuer Begriff: 1982 wurde er von Tomohide Akiyama geprägt, dem damaligen Leiter der japanischen Forstverwaltung. *Shinrin* bedeutet »Wald«, und *yoku* ist das japanische Wort für »baden«. *Onsenyoku* zum Beispiel bezeichnet das Baden in einer heißen Quelle (*onsen*) und *kaisuiyoku* das Baden im Ozean. Darüber hinaus gibt es noch *nikkoyoku* (»Sonnenbaden«) und *getsukoyoku* (»Mondlichtbaden«). Akiyama stammt ursprünglich aus der Präfektur Nagano. Diese Region in der Mitte Japans, in der 1998 die Olympischen Winterspiele stattfanden, ist berühmt für ihre malerischen Gebirge und tiefen, unberührten Wälder. Vermutlich entwickelte Akiyama deswegen schon in seiner Kindheit eine innige Beziehung zum Wald.

Natürlich ist es nicht nur in Japan üblich, den Wald zur Erholung zu nutzen. Das Einzigartige am japanischen Konzept des *shinrin-yoku* ist jedoch das Baden in der Atmosphäre des Waldes. Beim Baden stellt man idealerweise *nagomi* mit dem jeweiligen Element, mit der Umgebung her, in der man sich befindet, sei es nun eine heiße Quelle, ein Ozean oder ein Wald. So versucht man etwa beim Bad in einer heißen Quelle, *nagomi* mit dem Wasser zu erzielen, indem der Körper die darin gelösten Mineralien über die Haut aufnimmt und darüber hinaus von der wohltuenden Wärme des Wassers profitiert. Auch das Waldbaden hat zum Ziel, *nagomi* mit dem Ambiente herzustellen: Man gibt sich mit allen fünf Sinnen dem Flüstern der Blätter, dem Zwitschern der Vögel und dem Rauschen des Windes hin. Das Schöne am *nagomi* des Badens ist, dass man völlig loslassen und den Körper und das Unterbewusstsein die Arbeit machen lassen kann.

Yoku bedeutet, mit etwas eins zu werden. Es kann sich auf das Eintauchen in jede beliebige Atmosphäre beziehen. Wichtig ist dabei nur, dass man sich mit seiner Umgebung in Einklang bringt. Die Praxis des Badens mit dem Ziel, *nagomi* mit sich und seiner Umwelt zu erreichen, ist ein wichtiger Bestandteil der japanischen Lebensphilosophie und bildet vielleicht sogar das Herzstück der Kultur Japans.

Dem Leiter der Forstverwaltung ging es bei der Erfindung des *shinrin-yoku* vermutlich darum, den japanischen Wäldern eine größere Bedeutung zu verleihen, als nur der Holzgewinnung zu dienen, um so ihren Bestand zu sichern. Damit der Wald schön und lebendig bleibt, sind menschliche Eingriffe nötig; er braucht ständige Pflege und Schutz. Heutzutage wird es immer essenzieller, ein Gleichgewicht zwischen menschlichen Aktivitäten und dem Schutz unserer Umwelt herzustellen. Das Konzept des *shinrin-yoku* kann dabei nützlich und inspirierend sein.

Für das *nagomi* der Gesundheit ist es unerlässlich, sich um Körper und Geist zu kümmern. Es reicht nicht, sich nur auf einen Aspekt zu beschränken, denn das Leben ist zu komplex. Sport und Erholung, Arbeit und Freizeit, Herausforderung und Entspannung, Erfolg und Misserfolg – all dies führt zu einem ausgeglichenen, harmonischen Leben. Im Hinblick auf unsere Gesundheit neigen wir dazu, uns auf ein Element zu konzentrieren, statt das große Ganze im Blick zu behalten. Allzu einfachen Erklärungen für eine gute Gesundheit sollten wir mit Skepsis begegnen, etwa Sätzen wie:

»Ich gehe jeden Tag joggen, und deswegen bin ich so gesund.«

»Ich esse jeden Morgen einen Joghurt, und das hält mich jung.«

»Ich lächle, wenn ich anderen begegne, und darum bin ich so glücklich.«

Diese Aussagen mögen nachvollziehbar klingen; sie verkennen jedoch, was für das *nagomi* der Gesundheit wirklich notwendig ist. Es sind sicherlich keine schlechten Angewohnheiten, aber *nagomi* umfasst ein breites Spektrum an Elementen, die für unser Wohlbefinden wichtig sind.

Man muss kein buddhistischer Mönch sein, um maßvoll zu essen, auf das eigene Sättigungsgefühl zu achten, das Essen wertzuschätzen und frische, saisonale, schmackhafte und nährstoffreiche Lebensmittel zu bevorzugen. Die eigene Wohnung sauber und ordentlich zu halten, kann ebenfalls eine gute Übung in *nagomi* sein. Bewegung an der frischen Luft und das Einswerden mit der Umgebung sind wesentlich, egal, ob man nun tatsächlich das Waldbaden praktiziert oder einfach nur die Natur genießt.

Wenn man all das beherzigt und bedenkt, dass es keine silberne Kugel gibt, die die alleinige Antwort darstellt, dann hat man schon einen großen Schritt hin zum *nagomi* der Gesundheit getan.

KAPITEL 6

NAGOMI
DES LEBENSLANGEN LERNENS

Japan war nie ein Land des Überflusses. Selbst heute ist es zwar von moderner, fortschrittlicher Technologie geprägt, verfügt aber über äußerst wenige Bodenschätze wie Öl, Gas und seltene Metalle. Die einzige natürliche Ressource, an der kein Mangel herrscht, ist frisches Wasser, vor allem Meerwasser.

Vielleicht war den Japanerinnen und Japanern deswegen schon immer klar, dass sie sich auf ihren Verstand verlassen müssen, um zu überleben. Seit meiner Kindheit höre ich von meinen Eltern und anderen häufig, dass »Intelligenz das Einzige ist, was es in Japan in Hülle und Fülle gibt«.

Wissen und Erkenntnisse sind die wichtigsten Ressourcen des 21. Jahrhunderts. Die menschliche Erfahrung ist gewissermaßen eine gewaltige »Ölquelle«, die man jederzeit anzapfen kann. Bei vielen von uns beschränkt sich das Lernen jedoch auf die frühe Phase unseres Lebens. Unser heutiges Erziehungswesen lässt das Lernen oft als lästige Pflicht erscheinen, von der man nach Beendigung der Schul- und Ausbildungszeit endlich befreit ist. Dabei setzt sich unsere Fähigkeit, zu lernen und uns weiterzuentwickeln, zeitlebens fort.

Lebenslanges Lernen ist wichtig, um *nagomi* zu erreichen, egal, wie alt man ist. Die Jungen sollten stets auf die Alten hören, weil sie von ihrer Erfahrung profitieren können. Auf die älteren Menschen zu hören, ist tatsächlich ein wichtiger Grundsatz der japanischen Lebensart. Die Alten sollten allerdings ihrerseits auch auf die Jungen hören, weil sie von ihnen Neues erfahren können. Wir brauchen beides: die Weisheit des Alters und die frischen Erkenntnisse der Jugend, um zur Ganzheit zu gelangen.

Weisheit wird in der japanischen Kultur hochgeschätzt. Yasujirō Ozu, wahrscheinlich der beste Regisseur, den Japan bislang hervorgebracht hat, war ein Meister des *nagomi*. Seine Filme *Die Reise nach Tokyo*, *Weizenherbst*, *Später Frühling* und *Ein Herbstnachmittag* zeigen zwischenmenschliches *nagomi*, besonders in der Familie. Es geht vielfach darum, die Unvollkommenheit des Lebens und die Veränderungen, die es im Laufe der Zeit mit sich bringt, wie Ehe und Tod, zu akzeptieren. Für viele Japaner verkörpern die Figuren in Ozus Filmen, etwa der verständnisvolle, tolerante Vater, das höchste Ziel lebenslangen Lernens, das sie selbst anstreben. Bei der Abschlusszeremonie der Olympischen Spiele 2020 in Tokio – die wegen der Coronapandemie erst 2021 stattfanden – wurde das Ins-Stadion-Tragen der japanischen Nationalflagge von der Titelmusik des Films *Die Reise nach Tokyo* begleitet. Die melancholische Musik passte zur Stimmung am Ende dieser in schwierigen Zeiten stattfindenden Olympischen Spiele. Ozus Meisterwerke offenbaren auf tiefgründige Weise die Realitäten des menschlichen Daseins und zeigen so, wie wertvoll und zerbrechlich das *nagomi* des Lebens ist.

Ozus Familie stammte aus Matsusaka, einer Kleinstadt im Westen Japans, in der er die prägendsten Jahre seiner Kindheit verbrachte. Das kulturelle Milieu, das er dort kennenlernte, beeinflusste mutmaßlich seine späteren Werke. Matsusaka brachte noch eine andere wichtige Persönlichkeit der japanischen Kulturgeschichte hervor: Norinaga Motoori (1730–1801) war vermutlich der größte Gelehrte der Japanologie (auf Japanisch: *kokugaku*, was wörtlich übersetzt »nationale Studien« bedeutet) im Zeitalter der Samurai. Yasujirō Ozu war sogar entfernt mit Norinaga Motoori verwandt: Motoori gehörte zur Familie Ozu, gab jedoch das Leben als Kaufmann auf und nahm den Namen seines Vaters Motoori an. Es ist faszinierend, dass zwei der bedeutendsten Persönlichkeiten der japanischen Kultur in derselben Kleinstadt geboren wurden.

Im 18. Jahrhundert, zu der Zeit, als Motoori lebte, gab es noch keine kommerziellen Verlage. Einen Teil des Geldes, das er als Kinderarzt verdiente, bewahrte er in einem Bambusröhrchen auf, bis er genügend zusammengespart hatte, um seine Werke selbst verlegen zu können, darunter einen Kommentar zu Murasaki Shikibus *Genji Monogatari* (*Die Geschichte vom Prinzen Genji*) und seine Analyse des *Kojiki* (»Aufzeichnung alter Geschehnisse«). Motooris Werke gelten als epochal. Vor ihm hatte sich noch nie jemand derart eingehend mit dem *Kojiki* befasst, obwohl es sich bei dem etwa 712 niedergeschriebenen Text um eines der wertvollsten Schriftstücke der altjapanischen Geschichte und Mythologie handelt (beides wurde, wie in vielen anderen Kulturen, häufig miteinander vermischt). Motooris Arbeit als Gelehrter der Japanologie entsprang allein seiner Freude am Lernen und Begreifen. Er wurde dafür nicht bezahlt – es war eine reine Herzensangelegenheit.

Matsusaka war damals eine Stadt voller sehr reicher Kaufleute, die allem erdenklichen Luxus frönten. Als diese Geschäftsleute, die vermutlich bereits über alles verfügten, was für Geld erhältlich war, Motooris Vorträge besuchten, erkannten sie, dass ihnen die Beschäftigung mit *Genji Monogatari* oder dem *Kojiki* eine größere Erfüllung brachte als alle materiellen Güter. Schon der kleinste Wissenszuwachs kann einen Menschen positiv verändern. Besonders nachhaltig wirkt sich dabei das Zusammentreffen mit einer inspirierenden Persönlichkeit aus, selbst wenn es nur kurz ist.

Am Ende seines Lebens verfasste Motoori einen Aufsatz über den Lernprozess mit dem Titel »*Uiyamabumi*« (wörtlich: »Erste Schritte in die Berge«). Darin verglich er das Eintreten eines Menschen in die Welt des Lernens mit der Initiationsreise eines buddhistischen Priesteranwärters, der sich auf der Suche nach spirituellem Erwachen in die Berge begibt. Die Schule der Japanologie, die Motoori begründete, beeinflusst die Selbstwahrnehmung der Japanerinnen und Japaner bis heute.

Eine der wichtigsten Erkenntnisse dabei ist, dass man durch Lernen *nagomi* erzielen kann. Erst durch Motooris Vorträge konnten die wohlhabenden Kaufleute in ihrem sonst überwiegend materialistisch geprägten Leben *nagomi* erlangen. Dasselbe Phänomen sehen wir heute weltweit bei Menschen, die etwa durch den Handel an der Börse reich geworden sind. Vermögen allein verschafft keine Befriedigung; diese Leute suchen ihre Erfüllung daher häufig in der Kultur, in den Künsten – zum Beispiel im Erwerb hochpreisiger Kunstwerke. Dabei mag es, oberflächlich betrachtet, nur um ein prahlerisches Zurschaustellen von Reichtum gehen. Der Besitz eines Kunstwerks führt natürlich noch nicht zu *nagomi*; erst die Auseinandersetzung mit Kultur und Künsten setzt den notwendigen Lernprozess in Gang.

Einhundertfünfzig Jahre nach Motooris Tod dreht sein entfernter Verwandter Yasujirō Ozu Filme, in denen es um universelle menschliche Gegebenheiten geht. Ozus besinnliche Meisterwerke zeigen, wie man durch ständiges Lernen zu einer Akzeptanz des Lebens gelangen kann. Die Filme sind ein wunderbarer Ausdruck von *nagomi* in der Zeit der Wirrnisse nach dem Zweiten Weltkrieg; sie verdeutlichen, wie wichtig der Lernprozess im Hinblick auf die Wahrheiten des Lebens ist.

Ozus Werke können inspirieren. Wir alle können Weisheit erlangen, indem wir uns eine wichtige menschliche Persönlichkeitseigenschaft zunutze machen: die Neugier. Ohne Neugier können wir nichts Neues erschaffen. Durch sie sind wir in der Lage, große Mengen an Informationen aufzunehmen, zu verarbeiten und in Kenntnis zu verwandeln. Die Neugier weckt unsere intellektuelle und spirituelle Wissbegierde. Heutzutage sollte das Lernen als Möglichkeit, Neugier zu befriedigen, ein Grundrecht sein und in jeder Gesellschaftsschicht, in jedem Alter und in jeder Kultur gefördert werden.

Lernen ist für unser Gehirn etwas ganz Natürliches, was vor allem für diejenigen von uns eine wichtige Erkenntnis ist, die nicht gern zur Schule gegangen sind. So wie unser Herz ein Leben lang schlägt, so hören auch die kleinen grauen Zellen nie auf zu lernen. Für das menschliche Hirn ist Lernstoff ebenso essenziell, wie Atemluft es für die Lungen ist.

In Japan war man immer schon der Auffassung, dass es beim Lernen nicht bloß um das Aufnehmen von Informationen geht, sondern auch darum, ein besserer Mensch zu werden. Das japanische Wort *do* bedeutet, sich durch Bildung zu erneuern und zu verbessern. Die Nachsilbe -*do* kann an alle möglichen Disziplinen angehängt werden, um dieses Prinzip zu verdeutlichen. *Judo* beispielsweise bedeutet wörtlich übersetzt »der flexible Weg«. *Kendo* ist der »Weg des Schwertes«, *shodo* der »Weg des Schreibens« (Kalligrafie), *sado* der »Weg des Tees«, *kado* der »Weg der Blumen« (florale Arrangements) und *kodo* der »Weg der Düfte«. Beim Erlernen von Judo spielt die Spiritualität eine wichtige Rolle. Man lernt nicht bloß, einen Gegner zu Fall zu bringen: Die Geisteshaltung ist ebenso entscheidend wie die Bewegungen des Körpers. Man kräftigt nicht nur die Muskeln, sondern entwickelt sich auch geistig. Dem *sensei* (Lehrer) wird daher beim Judo größte Hochachtung gezollt, weil er seinen Schülern zusätzlich zu bestimmten Techniken eine ganze Lebensphilosophie vermittelt. Die Strategien, wie man im Leben *nagomi* erreicht, können geradezu als eigene Disziplin gelten, die man *nagomido* (»Weg des *nagomi*«) nennen könnte, auch wenn es ein solches Wort bislang im Japanischen nicht gibt.

Darüber hinaus möchte ich *sodoku* (»einfaches Lesen«) erwähnen: eine traditionelle Art, eine Lernkurve in Gang zu setzen, die sich das ganze Leben lang fortsetzt. Beim *sodoku* werden klassische Texte laut vorgelesen, für gewöhnlich unter der Anleitung eines *sensei.* Dabei spielt es zunächst keine Rolle, ob man beim Lesen die Bedeutung des Textes erfasst. Die Kernidee des *sodoku* (nicht zu verwechseln mit *sudoku*, womit ein logisches Zahlenrätsel gemeint ist) besteht darin, einen vorgetragenen Text als Quelle lebenslangen Lernens zu nutzen, auch wenn man ihn vielleicht nicht auf Anhieb versteht.

Traditionellerweise werden chinesische Klassiker wie *Die Gespräche des Konfuzius*, das *Shiji* von Sima Qian oder auch japanische Texte wie *Genji Monogatari* als Lesematerial verwendet. Dabei wird stets der Ursprungstext selbst gelesen und nicht Interpretationen oder Anmerkungen dazu. Die Herausforderung besteht darin, von Anfang an mit dem Originaltext *nagomi* herzustellen.

Beim *sodoku* spielt das Alter keine Rolle, und es findet abseits des schulischen Notensystems statt. Durch das laute Lesen schwer zugänglicher, tiefgründiger Klassiker bereits im zarten Alter von vielleicht fünf Jahren kann man *nagomi* erzielen – dieser Ansatz ist womöglich Japans bestgehütetes Geheimnis des lebenslangen Lernens.

Sodoku ist hervorragend dazu geeignet, Neugier zu wecken und zu fördern. Kommt das Gehirn mit einer gänzlich neuen Welt des Lernens in Berührung, ohne jeden Kontext und ohne weitere Erklärung, explodiert der Wissensdrang förmlich. Es ist eine äußerst effiziente Methode, um einen Lernprozess anzustoßen, der ein Leben lang anhalten kann.

Das Prinzip des *sodoku* kann auch auf andere Kulturen übertragen werden. Nehmen Sie sich doch mal ein literarisches Meisterwerk vor, von dem Sie bislang immer nur behauptet haben, Sie hätten es gelesen, wie etwa *Auf der Suche nach der verlorenen Zeit* von Marcel Proust oder *Krieg und Frieden* von Leo Tolstoi. Ganz sicher finden Sie in Ihrem Umfeld jede Menge literarischer Werke, die den Mechanismus des lebenslangen Lernens in Gang bringen können. Wie wäre es mit einem Drama von Shakespeare, einem Roman von Virginia Woolf oder von James Joyce? Sie könnten das Werk auch gemeinsam mit einem fünfjährigen Kind lesen. Es spielt keine Rolle, ob das Kind weiß, was es da liest, sondern nur, dass es ein Gefühl für das bekommt, was vor ihm liegt – die große Herausforderung des Lernens, das zeitlebens fortdauert.

Beim *nagomi* des lebenslangen Lernens gilt es, bestimmte Grundprinzipien zu beachten. Zuallererst geht es darum, sich mit dem Thema vertraut zu machen. Sei es eine Fremdsprache, Mathematik oder das Programmieren – wichtig ist, dass man Zeit mit der Materie verbringt, auch wenn man zu Beginn nicht jedes Detail versteht.

Zweitens ist eine entspannte Lernatmosphäre von Bedeutung. Viele japanische Haushalte sind recht klein und bieten nur wenig Platz; zudem ist der Familienzusammenhalt sehr eng. Es ist deshalb nicht unüblich, dass japanische Kinder ihre Schulaufgaben im Wohnzimmer machen, während der Vater dort vielleicht Bier trinkt und fernsieht, die Mutter telefoniert und die Geschwister Nintendo spielen. Die Statistiken zeigen, dass Kinder, die im Wohnzimmer lernen, in der Schule oft besser abschneiden als jene, die es im Kinderzimmer tun. Daraus lässt sich ableiten, wie wichtig eine entspannte Lernatmosphäre ist, die dem *Nagomi*-Prinzip entspricht.

Und drittens besteht das Ziel des Lernens darin, *nagomi* mit einem Thema zu erreichen, indem man immer weiter in die Tiefe geht. Dies entspricht ganz allgemein der japanischen Herangehensweise an Bildung, vom Handwerker bis zum Wissenschaftler.

Man ist nie zu alt dafür, neugierig zu sein und mit *sodoku* anzufangen. Lebenslanges Lernen ist unerlässlich für unser Wohlbefinden. Es hält unseren Geist jung und hilft uns dabei, im Auf und Ab des Lebens *nagomi* zu erzielen. Durch ständiges Lernen können wir Lebensklugheit erlangen. Tatsächlich ist das Leben selbst ein steter Lernprozess und *nagomi* die wertvollste Frucht des Lernens.

KAPITEL 7

NAGOMI DER KREATIVITÄT

Im Jahr 1945 brach ein junger Medizinstudent in Osaka, einer Stadt im Westen Japans, zu einem langen Fußmarsch auf. Damals hatten die Brandbomben der US-amerikanischen Air Force fast die gesamte Stadt zerstört. Der junge Mann hatte großen Hunger. Als er auf ein Haus stieß, das den Flammen getrotzt hatte, klopfte er an die Tür. Die Bewohner öffneten und sahen einen ernsten jungen Studenten in schäbiger Kleidung, der sich mehrmals verbeugte, als hätte er ein dringendes Anliegen. Von Mitleid erfüllt, gaben sie ihm drei *onigiri* (Reisklöße) von ihren knappen Vorräten. Der junge Mann aß gierig, als hätte er schon lange nichts mehr gegessen. Gestärkt durch die *onigiri* und die Güte der Fremden, bewältigte er die achtzehn Kilometer von Osaka zurück nach Takarazuka, wo er mit seiner Familie lebte. Später erfuhr er, dass das Haus der Menschen, die ihm so selbstlos die Klöße gegeben hatten, ein paar Tage nach seiner Begegnung mit ihnen zerbombt worden war.

Auf seinem langen Heimweg fasste der Student den Entschluss, Manga-Künstler zu werden. Heutzutage sind erfolgreiche Manga-Zeichner hoch angesehen und werden gut bezahlt, aber damals gab es den Beruf im Grunde genommen noch nicht. Es war, als hätte der Student sich vorgenommen, mit verbundenen Augen ins Meer zu springen. Doch so illusorisch sein Vorhaben auch erschien – hätte er diese Entscheidung zu jener Zeit nicht getroffen, wäre die Geschichte des Mangas womöglich ganz anders verlaufen. Für viele von uns ist es ein Glücksfall, dass der junge Mann seinen ungewöhnlichen Plan so hartnäckig verfolgte.

Der Medizinstudent hieß Osamu Tezuka, und er wurde ein äußerst produktiver Künstler, der heute berühmt ist für Werke wie *Astro Boy, Choppy und die Prinzessin, Kimba, der weiße Löwe, Black Jack, Buddha* und *Adolf*. Tezukas Kreativität und Erfolg waren so groß, dass man ihn auch den »Vater des Mangas« und bisweilen sogar »Gott des Mangas« nannte.

Tezukas Schaffen begeisterte ein großes Publikum und inspirierte Generationen von Manga-Künstlern. Zudem besaß er eine warmherzige, zugewandte Art im Umgang mit aufstrebenden jungen Kunstschaffenden, die sich in der Hoffnung auf professionellen Rat, Inspiration und Förderung um ihn scharten. Genauso hatten sich im 18. Jahrhundert die Kaufleute von Matsusaka um den Gelehrten Norinaga Motoori versammelt, um mittels seiner Weisheiten die Klippen des Lebens besser umschiffen zu können.

Wir alle brauchen erfundene Geschichten, um unser Leben leichter, besser und erträglicher zu machen. Je schwieriger eine Situation ist, desto stärker und unverfälschter tritt der Schaffensdrang oftmals zutage. Niemand kann genau wissen, warum Tezuka an jenem Tag den Entschluss fasste, Manga-Künstler zu werden, und was der Anblick seiner verbrannten Heimat damit zu tun hatte. Doch vermutlich hatte die Wucht seiner Gefühle entscheidenden Einfluss auf die Ausbildung seines Schöpfergeists.

Mangas sind eine sehr zugängliche Kunstform – jeder kann sie lesen und erschaffen. Ich erinnere mich noch genau, wie ich mich selbst als Schuljunge daran versuchte (meistens waren es lustige Mangas, wie die von Fujio Akatsuka) und sie mit denen meiner Freunde verglich. Natürlich waren meine Werke nicht besonders gut. Aber sie entstanden aus der Auffassung heraus, dass sich alle – auch ohne entsprechende Ausbildung – an die Kunst des Mangas heranwagen könnten.

Diese demokratische Herangehensweise an die Kreativität ist seit jeher eines der Kennzeichen der japanischen Gesellschaft. Insbesondere in jungen, erst im Werden begriffenen Kunstrichtungen herrscht keine Wertehierarchie (beim Manga gibt es keine *New York Times*, keinen *New Yorker* oder *Guardian* als Hüter hoher kultureller Ansprüche!). Eine scharfe Trennung zwischen »Hochkultur« und Populärkultur hat es in Japan nie gegeben. Vielmehr besteht zwischen den kulturellen Genres ein natürliches *nagomi*.

Im Jahr 1867 begann die Entstehung des modernen Japans mit der Wiedereinsetzung des Kaisers als Alleinherrscher (woraus sich später die konstitutionelle Monarchie entwickelte). Damals war die Regierung in Tokio bestrebt, dem Land die sogenannte westliche Hochkultur einzuverleiben. Im Zuge dessen begannen die Japanerinnen und Japaner, in Öl zu malen, Romane zu schreiben, klassische Musik zu hören und zu spielen und die Stücke Shakespeares in japanischer Übersetzung aufzuführen. Vornehmlich bei den Mächtigen und Gebildeten gab es die Tendenz, zwischen hoher und populärer Kultur zu unterscheiden, wobei zu Ersterer die gesamte westliche Kultur zählte und darüber hinaus japanische Kunstformen wie Kabuki (»Gesang und Tanz«), Nō (Maskentheater) und Bunraku (Puppentheater). Für die Regierung waren Ausprägungen der »Hochkultur« besonders schutz- und förderungswürdig, da es das Prestige der japanischen Nation in den Augen des Westens zu steigern galt. Aus dem historischen Zusammenhang heraus ist das verständlich, schließlich hatte Japan einiges aufzuholen.

Das Wunderbare am Manga ist, dass seine führenden Vertreter nie davon ausgingen, einer Gegenkultur anzugehören. Den Gründervätern des modernen Mangas bereitete das im Vergleich zu heute geringe gesellschaftliche Ansehen ihrer Kunst kein Kopfzerbrechen. Es war ihnen sogar völlig gleichgültig. Sie empfanden keinen Neid auf Künstler, die sich dem Theater oder der Ölmalerei widmeten, und sahen daher auch keine Notwendigkeit, gegen deren vermeintliche Vorherrschaft aufzubegehren. Manga-Zeichner wie Osamu Tezuka und Fujio Akatsuka konzentrierten ihre Energie einfach darauf, hervorragende Werke zu erschaffen; alles andere war für sie nebensächlich.

Im Allgemeinen geht die Entstehung neuartiger Bewegungen in der japanischen Kulturszene immer recht entspannt vor sich – ganz so, als wäre *nagomi* in der japanischen Wesensart verankert und würde Neues hervorsprießen lassen wie Bambustriebe nach dem Regen.

Ein ausgezeichnetes Beispiel dafür ist Karaoke – ein Begriff, der sich aus *kara* (»leer«) und *oke* (einem Kurzwort für »Orchester«) zusammensetzt. Wo, wenn nicht in Japan, käme man auf den Gedanken, Amateursänger könnten großen Spaß daran haben, zu Musik vom Band zu singen?

In Japan, wo ich geboren und aufgewachsen bin, ist es die natürlichste Sache der Welt, vor vielen Leuten zu singen, ohne darüber nachzudenken, wie das Publikum über diesen Auftritt urteilen könnte. Karaoke in Japan hat nichts gemein mit der beliebten US-amerikanischen Fernsehserie *Glee*, in der Schüler einer Highschool mit nahezu perfekten Gesangs- und Tanzdarbietungen aufwarten. Japanern und Japanerinnen ist es normalerweise gleichgültig, wie gut jemand singt. Es geht darum, Spaß zu haben (ein perfekter Auftritt könnte da sogar eher kontraproduktiv sein). Zwischen gut (professionell) und schlecht (amateurhaft) wird kein Unterschied gemacht, und wenn doch, dann eher im Sinne eines fließenden Übergangs als einer scharfen Grenze. Mittlerweile erfreut sich Karaoke auch im Westen großer Beliebtheit, und es ist schön zu sehen, dass fast überall auf der Welt Karaokebars zu finden sind, in denen man im Freundeskreis unbefangen Spaß haben kann.

Das Entscheidende ist, das innere Kind am Leben zu erhalten. Man kann Mangas erschaffen, singen und tanzen wie ein sorgloses Kind, ohne über die Meinung anderer nachzudenken. Leider vergessen allzu viele Menschen, wie viel Freude die originellen Beschäftigungen unserer Kindheit machen. Sie scheuen die Kritik, die ihre Auftritte hervorrufen könnten, und ziehen sich in ihr Schneckenhaus zurück, anstatt ihre Kreativität auszuleben. Diese Leute würden nicht im Traum daran denken, Karaoke zu singen, und verpassen so eine gute Gelegenheit, ihrer schöpferischen Begabung freien Lauf zu lassen. Da wir Menschen soziale Wesen sind und unser Ego beschützen wollen, ist diese Reaktion natürlich verständlich. Der Weg des *nagomi* hilft dabei, eine solche psychologische Barriere zu überwinden und das innere Kind am Leben zu erhalten, also selbst als erwachsene Person im Herzen jung zu bleiben.

Nagomi ist in vielerlei Hinsicht ein wichtiger Aspekt der Kreativität. Und der Schlüssel zu diesem Konzept liegt darin, Jugend und Unreife als etwas Positives zu begreifen.

Allgemein wird in Japan die Fähigkeit hochgeschätzt, sich ein kindliches Gemüt zu bewahren. Das lässt sich bestens anhand des Ausdrucks *kawaii* veranschaulichen. Dieses Wort, das in etwa mit »niedlich« übersetzt werden kann, eignet sich überaus gut als »sprachlicher Joker«, wenn man jemandem mit einem Lob eine Freude machen möchte. Ein Kind oder eine Katze *kawaii* zu nennen, ist natürlich nicht ungewöhnlich. Doch auch ein erwachsener Mann oder sogar ein Abbild Buddhas kann so bezeichnet werden. Das Wort wird also vielfältiger verwendet als die deutsche Entsprechung »niedlich«. Soseki Natsume (1867–1916) beispielsweise, dem wohl größten japanischen Romancier seit der Hofdame Murasaki Shikibu, ging es in seinen Werken um eine ernsthafte Darstellung der *conditio humana* in der modernen Gesellschaft – und ebenso um das *Kawaii*-Element. Sein Debütroman *Ich der Kater* gilt vielen als tiefgründiges Werk und zugleich als *kawaii*. Der Ich-Erzähler ist nämlich ein streunender Kater, den ein Englischprofessor bei sich aufnimmt. Letzterer trägt Züge des Autors selbst, der an einer Mittelschule und der Universität Tokio unterrichtete, bevor er sich ganz dem Schreiben widmete. Das Bild von Natsume als Katzenliebhaber ist im Bewusstsein einer breiten Öffentlichkeit verankert und hat sein Werk vielen Gelegenheitslesern zugänglich gemacht, die sich andernfalls womöglich durch dessen Komplexität hätten abschrecken lassen.

Die Verwendung des Wortes *kawaii* für erwachsene Männer ist wohl eines der bestgehüteten Geheimnisse der japanischen Kultur. Sogar Arnold Schwarzenegger wurde auf dem Gipfel seines Ruhms als Bösewicht im Film *Terminator* in Japan *kawaii* genannt. Und nach seinen Auftritten in japanischen Werbespots bekam er den Beinamen »Schwa-*chan*« verliehen (das Suffix -*chan* wird im Japanischen häufig für Babys und Kleinkinder oder ähnlich niedliche Wesen gebraucht).

Im Ausdruck *kawaii* spiegelt sich gewissermaßen die japanische Eigenart, die Grenzen zwischen anspruchsvoller und populärer Kultur, zwischen Frauen und Männern, Mächtigen und Machtlosen, Jungen und Alten zu verwischen und dadurch *nagomi* herzustellen. *Kawaii* ist ein großer Gleichmacher. Mit jemandem, der als *kawaii* gilt, kann – unabhängig von Geschlecht, Alter oder gesellschaftlicher Stellung – *nagomi* erzeugt werden. *Kawaii* ist demnach als eine Art kognitives Instrument verwendbar, um die unterschiedlichsten Menschen gleichermaßen anzusprechen und zusammenzubringen. Auf diese Weise kann jeder seine einzigartige Persönlichkeit ausdrücken, ohne zwangsläufig mit dem Status quo in Konflikt zu geraten. Und genau darin zeigt sich der wahre Geist des *nagomi* der Kreativität.

Viele Japaner und Japanerinnen verstehen es ausgezeichnet, sich Freiheiten zu nehmen, ohne dabei Wellen zu schlagen. In einer Welt, in der politische Korrektheit, Cancel Culture und Wokeness vielen zu weit gehen (wobei ich nicht zu betonen brauche, dass die diesen Bewegungen zugrunde liegenden Werte und Motive selbstverständlich zu befürworten sind), kann das *nagomi* der Kreativität viel dazu beitragen, die bittere Medizin der notwendigen gesellschaftlichen Veränderungen zu versüßen.

Wenn ich daran denke, wie man in Japan mit Widrigkeiten umgeht, fallen mir gleich zwei Beispiele ein. Beide verdeutlichen kurz und bündig, wie es möglich ist, Freiheit im Verborgenen zu behalten, statt unverhohlen gegen Beschränkungen zu rebellieren.

Das erste Beispiel ist die *Uramasari*-Praxis (wörtlich: »siegreiches Innenfutter«), die in der Edo-Zeit während der Herrschaft der Samurai weitverbreitet war. Damals verboten die Shogune häufig das Tragen prächtiger Kleidung, um die allzu stark boomende Wirtschaft zu zügeln oder strenge Sitten durchzusetzen (denen sich die Samurai selbst verschrieben hatten). Die Bewohner von Edo (wie Tokio damals hieß) lehnten sich gegen diese Einschränkung ihrer Freiheit nicht offen auf. Stattdessen ließen sie sich ganz besondere Kleidung schneidern, die nach außen hin schlicht wirkte, deren Futter jedoch aus kostbaren Materialien wie Seide oder *kinran* (einem aus Gold- und Silberfäden gewebten Stoff) gefertigt war. So zeigten auch rebellische Gemüter nach außen hin Bescheidenheit und Zurückhaltung, während sie im Verborgenen ein prachtvolles Innenfutter trugen. Damit bewahrten sie ihren Stolz und ihr Selbstwertgefühl, ohne mit den Samurai in Konflikt zu geraten (die vermutlich Bescheid wussten, aber ihre Untertanen gewähren ließen).

Das zweite Beispiel ist das *Matsuri*-Sushi (»Festtags-Sushi«), dessen Ursprung in Okayama liegt, einer Stadt im Westen Japans. Auch in diesem Fall versuchten die Samurai, einen luxuriösen Lebensstil zu unterbinden, und ordneten daher an, dass zu jeder Mahlzeit nur noch ein Gericht zubereitet werden dürfe. Anstatt dagegen aufzubegehren, verfielen die gewitzten Bewohner Okayamas auf die brillante Idee des *Matsuri*-Sushi. Dazu gaben sie alle Köstlichkeiten, die ihnen zur Verfügung standen – Fisch-Sashimi, Tintenfische, Kalmare, Garnelen, klein gehackte Eier, Shiitake-Pilze und *mamakari* (marinierte Sardinen, eine Spezialität aus Okayama) –, in einen hölzernen *Oke*-Kübel und schichteten zuletzt mit Essig gewürzten Reis darüber. Das Ergebnis war ein einziges Gericht, genau wie es der Samurai-Herrscher befohlen hatte – allerdings eines, das aus einer Vielzahl von Delikatessen bestand, die unter einer schmackhaften Reisschicht verborgen waren. Nun brauchte man den Inhalt des Bottichs nur noch kurz vor dem Servieren auf einen großen Teller zu stürzen, sodass die saftigen, bunten *Matsuri*-Zutaten auf dem Sushi-Reis angerichtet waren.

Diese Beispiele bringen meiner Meinung nach das *nagomi* der Kreativität besonders gut zum Ausdruck. Beide Male gelang es der japanischen Bevölkerung, sich ihre Freiheit zu erhalten und zugleich *nagomi* mit der Obrigkeit zu wahren.

Auch der ungewöhnliche Entschluss, den Osamu Tezuka auf dem Fußmarsch durch das zerbombte Osaka fasste, ist ein wunderbares Beispiel für das *nagomi* der Kreativität. Tezuka hätte gegen die Grausamkeiten des Kriegs oder die Fehleinschätzungen der Regierung protestieren können; stattdessen erschuf er großartige Mangas, die für viele Japaner und Japanerinnen in der schwierigen Nachkriegszeit eine Quelle der Freude darstellten.

Wenn Sie sich Widrigkeiten gegenübersehen, können Sie Ihre Stimme erheben und aufbegehren. Sie können allerdings auch einen anderen Weg wählen, der weniger direkt und konfrontativ ist, dafür aber wirkungsvoller – einen Weg, der nach außen hin zurückhaltend wirkt und tatsächlich von Mut zeugt. Das ist der Weg des *nagomi*, *nagomido*, der es Ihnen ermöglicht, Ihre Kreativität voll auszuschöpfen, ohne die Auseinandersetzung zu suchen.

Entscheidend ist, dass Sie sich selbst treu bleiben.

Die meisten glauben, ein genialer Mensch sei immer ein einsamer Wolf oder rebellischer Außenseiter. Natürlich entsprechen manche Genies tatsächlich dieser Vorstellung. Albert Einstein etwa, der mit dem von Zucht und Ordnung geprägten deutschen Schulsystem in Konflikt geriet und das Gymnasium verließ, um Europa allein zu durchstreifen, gehörte gewiss zum Typus des aufsässigen Einzelgängers. Doch auch Genies müssen mit der Gesellschaft und der Zeit, in der sie leben, *nagomi* herstellen, insbesondere wenn sie messbaren Erfolg haben wollen. Sie müssen sich sogar in gewisser Weise an ihr Umfeld anpassen, um ihr Potenzial bestmöglich entfalten zu können.

Nagomi entsteht, wenn unterschiedliche Elemente zu etwas Neuem verschmelzen – ein Prozess, der das Wesen der Genialität widerspiegelt. Tatsächlich ist *nagomi* essenziell für die japanische Sicht auf das Leben generell, sei es nun das eines Genies oder das eines gewöhnlichen Menschen. Man könnte das menschliche Gehirn sogar als komplexe »*Nagomi*-Maschine« bezeichnen, in der diverse neuronale Netze, die die verschiedensten Funktionen steuern, miteinander verknüpft sind und durch diese Verbindung wiederum neue Funktionen hervorbringen.

Daher ist für die Japanerinnen und Japaner Genialität nur ein Bestandteil des gesamten Lebenskreislaufs, keine Gabe, die von irgendwo außerhalb kommt. Hierin zeigt sich eine ganz andere Auffassung von Kreativität als im Westen.

In der westlichen Kultur gilt Genie als etwas, das ganz für sich steht. Diese Vorstellung geht vermutlich auf die biblische *Genesis* zurück, in der Gott die Welt allein in sechs Tagen erschuf. Ein solches Genius-Konzept hat nichts mit *nagomi* gemein, dem Erzielen von Gleichgewicht und Harmonie mit der Umwelt.

In der japanischen Tradition steht *nagomi* für ein sorgfältiges Austarieren von Selbstbehauptung und Selbstverneinung, von Verabsolutierung des Ichs und seiner Relativierung. Kreativität wird also nicht als ein Prozess angesehen, bei dem ein Genie allem seinen Stempel aufdrückt. Vielmehr gilt sie als Ergebnis einer organischen Verknüpfung von individueller Persönlichkeit und umgebender Welt. So gesehen ist *nagomi* zutiefst kreativ: Selbstbehauptung und Selbstverneinung fließen ganz natürlich ineinander, im Versuch, sich mit der Welt in eins zu setzen.

Insgesamt stellt Genie ein Phänomen der Vernetzung dar; es offenbart sich in der Bemühung, *nagomi* zwischen dem eigenen Potenzial und den Mitmenschen herzustellen. Genie ist also eine Frucht des *nagomi* der Kreativität.

Selbst ein wahrhaft großartiges Werk wird daher nicht allein den Fähigkeiten seines Schöpfers zugeschrieben. Der Weg des *nagomi* (*nagomido*) erkennt das an und eröffnet so allen die Möglichkeit zur Kreativität, unabhängig von den persönlichen Voraussetzungen. Wenn es Ihnen gelingt, sich mit der

Welt in Einklang zu setzen, können Sie etwas Kostbares hervorbringen. Was auf den ersten Blick wie eine Kränkung des Egos wirkt, ist in Wirklichkeit zutiefst befreiend.

Haben Sie sich einmal von allen vorgefassten Meinungen über die Schaffenskraft befreit – etwa bezüglich »Hochkultur« und Populärkultur, Begabung, Geschlecht, Alter und des sozialen Status –, können Sie am *nagomi* der Kreativität teilhaben. Ich hoffe sehr, dass Ihnen die Erläuterungen in diesem Kapitel helfen werden, Ihr schöpferisches Potenzial zu entfalten.

Vielleicht nehmen Sie sich ja jetzt vor, einen Karaoke-Abend mit Ihren Freunden oder Kollegen zu genießen, oder Sie melden sich zu einem Mal- oder Zeichenkurs an, obwohl Sie seit der Schulzeit nicht mehr gemalt haben. Entscheidend ist, dass Sie etwas finden, was Ihnen Freude macht, und es dann tun, ohne sich Gedanken zu machen, was andere über Sie denken könnten – sorglos wie ein kleines Kind, das von Natur aus kreativ ist.

Haben Sie *nagomi* mit sich und Ihrer Umgebung gefunden und eine sichere Ausgangsbasis geschaffen, können Sie mit einem Lächeln auf den Lippen Ihrer Schöpferkraft freien Lauf lassen. Der Weg des *nagomi* der Kreativität steht Ihnen offen.

Wenn Sie unabhängig von Ihrer Umwelt auf Ihre innere Stimme hören, können Sie diesen Weg jederzeit beschreiten und alle Schwierigkeiten überwinden, ob sie nun in der Gesellschaft oder in Ihnen selbst begründet sind.

Im wahren Geist des *nagomi* der Kreativität sollten Sie sich (in Anlehnung an den Film *Der Club der toten Dichter*) stets fragen:

»Was wird wohl mein Vers sein?«

KAPITEL 8

NAGOMI DES LEBENS

Das Leben ist eine Reise ohne Umkehr – von der Jugend bis ins hohe Alter. Vielen von uns fällt es schwer, das Älterwerden zu akzeptieren. Sie betrachten es als etwas, vor dem man sich schützen muss, als eine schändliche Niederlage. Das ist ein falsches Verständnis von der Essenz des Lebens. Man kann ohne Übertreibung sagen, dass wir mithilfe von *nagomi* eine völlig neue Herangehensweise an unser Dasein entwickeln können.

In *Hōjōki* (*Aufzeichnungen aus meiner Hütte*) von Kamo no Chōmei (1155–1216), einem Klassiker der japanischen Literatur, gibt es eine schöne Passage über die Vergänglichkeit des Lebens. Der berühmte Anfang lautet:

> *Unaufhörlich strömt der Fluß dahin, gleichwohl ist sein Wasser nie dasselbe. Schaumblasen tanzen an seichten Stellen, vergehen und bilden sich wieder – von großer Dauer sind sie allemal nicht.*

Chōmei sinniert über das Fortschreiten der Zeit und den Widerspruch zwischen Ewigkeit und flüchtigem Augenblick. Das

Aufkommen und spurlose Verschwinden von Menschen und Häusern vergleicht er mit dem Morgentau auf Asagao-Blüten (Ackerwinde): Der Tau halte sich nicht bis zum Abend, schreibt Chōmei. Und auch die Blüte selbst vergehe. Melancholisch kommt er zu dem Schluss: Dass nichts von Dauer sei, gehöre zu den Unvermeidbarkeiten des Lebens. Diesen nachdenklichen Essay verfasste Chōmei in einer abgeschiedenen *hojo* (einer etwa zehn Quadratmeter großen Hütte), in die er sich freiwillig zurückgezogen hatte. Eine Nachbildung dieser *hojo* steht heute auf dem Gelände des Kawai-Schreins in Kyoto am Rand eines malerischen Waldes.

Chōmeis klassischer Aufsatz bildet einen guten Auftakt zu diesem Kapitel, denn *nagomi* ist die Anerkennung des Umstands, dass ein langes und ausgeglichenes Leben von vielen Elementen abhängt. Ohne *nagomi* ist ein Leben in dieser unvorhersehbaren Welt nicht möglich. *Nagomi* ist ein wichtiges Puzzleteil der Philosophie des Lebens, nicht nur in Japan, sondern überall auf der Welt. Man könnte sogar sagen: *Nagomi* ist das Leben selbst.

Betrachtet man das, was in unserer gegenwärtigen Welt groß und wichtig erscheint – Firmen wie Facebook, Google, Apple und Amazon zum Beispiel –, dann bekommt man vielleicht den Eindruck, dass solche Unternehmen niemals untergehen können, denn ein Leben ohne sie kann man sich kaum vorstellen. Doch keines davon wird zwangsläufig ewig bestehen. Zwar werden sie sicherlich noch mindestens ein paar Jahrzehnte überdauern, aber wäre Chōmei heute noch unter uns, würde er darauf hinweisen, dass es keine Garantien gibt. So ist nun mal das Leben.

Das größte Unglück entsteht häufig dadurch, dass man sich den Veränderungen, die das Leben unweigerlich mit sich bringt, widersetzt. In vielen Kulturen der Welt herrscht heutzutage ein regelrechter Jugendwahn: Man versucht um jeden Preis, sich ein jugendliches Aussehen zu bewahren, nimmt dieses oder jenes Nahrungsergänzungsmittel ein, treibt Sport, isst spezielle Lebensmittel und unterzieht sich kosmetischen Operationen. Natürlich muss das jeder und jede für sich selbst entscheiden, aber wer der ewigen Jugend nachjagt, übersieht leicht die Schönheit, die das Alter mit sich bringt.

Bob Dylan beispielsweise besingt in dem Song »*Forever Young*« die ewige Jugend und ist auch in erster Linie für sein Frühwerk bekannt. Dabei hat er sich als Musiker ständig weiterentwickelt, was auch sein im Juni 2020 erschienenes Album *Rough and Rowdy Ways* zeigt, das von Kritikern sehr gelobt wird. Mich persönlich fasziniert, wie reif und zugleich jugendlich es klingt. Dylans Stimme erinnert an das Knarren einer alten Eiche, mit einem Hauch Honig darin – anders als die Stimme, die ihn in seinen frühen Jahren berühmt machte, aber noch immer überaus attraktiv.

In Japan erkennt man das Geheimnis immerwährenden Jungseins nicht darin, Veränderungen abzulehnen, sondern darin, den natürlichen Lauf der Dinge zu akzeptieren. Das *Tokowaka*-Konzept (wörtlich »ewige Jugend«, von *toko* für »ewig« und *waka* für »jung«) ist ein wichtiger Bestandteil der japanischen Lebensphilosophie. Interessanterweise bezeichnet *tokowaka* einen Prozess: Nichts bleibt gleich, alles erneuert sich ständig – so wie Chōmei es am Anfang von *Hōjōki* beschreibt. Dass Dylan sich im reifen Alter von achtzig Jahren mit der Comeback-Single »*Murder Most Foul*« zurückmeldet, ist der Inbegriff von *tokowaka*. Um ewig jung zu bleiben, muss man gemäß dieser Philosophie vor allem loslassen können und den Wandel hinnehmen oder ihn sogar willkommen heißen. *Tokowaka* bedeutet, *nagomi* mit dem Älterwerden zu erreichen.

Die Begründer des Nō, einer Form des traditionellen japanischen Theaters, die inzwischen als UNESCO-Kulturerbe anerkannt ist, verschrieben sich in besonderer Weise der Philosophie des *tokowaka*. Das Nō-Theater wurde im 14. Jahrhundert von einem gewissen Kan'ami (1333–1384) und seinem Sohn Zeami (1363–1443) entwickelt und erfordert neben Masken, Kostümen und verschiedenen Requisiten auch gut ausgebildete Schauspieler und Musiker. Vater und Sohn verfassten gemeinsam einen theoretischen Essay zur Bühnenkunst mit dem Titel *Fūshikaden* (»Stil und die Blüte«). Darin unterscheiden sie zwischen zwei Arten von »Blüten« als Symbol der Ausstrahlung eines Darstellers auf der Bühne. Über die »Blüte der Zeit« verfügen Darsteller und Darstellerinnen in ihrer Jugend. Die »Blüte der Wahrheit« erreichen sie dagegen erst im reifen Alter, wenn sie runzlig, schwerfällig und sogar gekrümmt sind. Die »Blüte der Wahrheit« versinnbildlicht die ewige Jugend (*tokowaka*) in der Kunst des Nō und ist nur durch harte Arbeit und Disziplin zu erlangen.

Ein Beispiel für *tokowaka* in der Natur ist die Kirschblüte im Frühling. Die zauberhaften rosa Blüten sind untrennbar mit Japan verbunden und für ihre vergängliche Schönheit berühmt. Nichts an ihnen ist vorhersehbar. Der genaue Zeitpunkt, an dem sich die Blüten öffnen, und die Dauer ihres Blühens sind vom launischen Frühlingswetter abhängig: Ein paar warme Tage lassen die Knospen aufbrechen, bei anschließendem kühlerem Wetter halten sie länger, aber Wind und Regen können sie vorzeitig zu Boden fallen lassen. Selbst unter den günstigsten Bedingungen bleiben die Blüten nur etwa eine Woche lang am Baum. Viele Japanerinnen und Japaner betrachten die Kirschblüten als Metapher für das Leben selbst. Wie das Leben, so ist auch die Kirschblüte unberechenbar, kurz und den Elementen unterworfen. Das Motto des japanischen Kirschblütenfests *Hanami* (»Blüten betrachten«) ist, das Leben zu genießen, solange man dazu in der Lage ist, weil es jederzeit zu Ende sein kann.

In der Natur wiederholt sich derselbe Vorgang Jahr für Jahr; die Kirschblüten verkörpern somit *tokowaka* oder die »Blüte der Wahrheit«. Zugleich ist *Hanami* aber auch ein Fest des Vergänglichen und repräsentiert so die »Blüte der Zeit«, wie Kan'ami und Zeami es genannt haben.

Die japanische Lebensphilosophie würde in einem Satz zusammengefasst lauten: »In dieser Welt ist nichts von Dauer – außer der Wandel selbst.« Die COVID-19-Pandemie führt uns das wieder deutlich vor Augen. Wir sehen uns mit der Ungewissheit des Lebens konfrontiert und müssen lernen, mit überraschenden Veränderungen umzugehen, auf die wir keinen Einfluss haben. Der Weg des *nagomi* zeigt uns, dass unser Dasein komplex ist und dass wir die Mehrdeutigkeiten und das bisweilen beängstigende Auf und Ab des Lebens akzeptieren müssen.

Nagomi heißt anzuerkennen, dass alles auf der Welt vergänglich ist. Nichts ist von Dauer, ganz gleich, wie mächtig und beständig es erscheinen mag. Selbst Gebäude aus Stein halten nicht ewig. Das erneute Errichten des Ise-Schreins alle zwanzig Jahre stellt den Versuch dar, angesichts der Flüchtigkeit der Natur etwas einigermaßen Permanentes zu erschaffen.

Alle zwanzig Jahre werden die Gebäude des Schreins sorgfältig zerlegt und mit frischem Holz auf genau dieselbe Weise wiederaufgebaut. Die derzeitigen Bauwerke stammen aus dem Jahr 2013, der nächste rituelle Neubau wird 2033 stattfinden. Den Aufzeichnungen zufolge vollzieht sich dieser Prozess seit 1200 Jahren – mit gelegentlichen Unterbrechungen aufgrund von Kriegen oder gesellschaftlichen Unruhen.

Den Schrein alle zwanzig Jahre zu rekonstruieren, erfordert sorgfältige Überlegungen und Vorbereitungen. Die Hinoki-Bäume (japanische Zypresse) beispielsweise, aus denen die Balken für den Schrein gefertigt werden, muss man Jahrzehnte im Voraus anpflanzen. Zu diesem Zweck verfügt der Ise-Schrein überall im Land über Hinoki-Schonungen. Manche der Holzbalken müssen eine bestimmte Länge haben und lassen sich nur aus Zypressen herstellen, die älter als zweihundert Jahre sind. Um den Wiederaufbau des Schreins über einen derart langen Zeitraum sicherzustellen, sind umfassende Planungen und die kontinuierliche Pflege der Hinoki-Pflanzungen nötig.

So bleibt der Ise-Schrein ewig jung – oder *tokowaka* –, auch wenn sich das Material, aus dem er besteht, ständig verändert. Tatsächlich kann der ehrwürdige Schrein seine strahlende Jugend gerade deswegen bewahren, weil er sich immer wieder von seiner älteren Inkarnation verabschiedet.

Auf den ersten Blick könnte man meinen, beim Ise-Schrein ginge es darum, den Eindruck ewigen Jungseins zu erwecken, indem das Alte durch das Neue ersetzt wird, sodass Letzterem der größere Wert zukommt. Doch der Prozess spiegelt auch das Bewusstsein, dass alles Neue unweigerlich alt wird. Bei der Neuerrichtung des Schreins alle zwanzig Jahre wird das Holz des alten Gebäudes, das noch robust und brauchbar ist, aufgehoben. Es wird abgeschliffen und bearbeitet, um für den Bau kleinerer Schreine rund um das Hauptgebäude verwendet zu werden. Das Holz wird seiner ehrwürdigen Herkunft entsprechend mit Respekt und größter Sorgfalt behandelt.

Auch wenn der Ise-Schrein nach außen hin ewig jung erscheint, steht er zugleich dafür, dass auf dieser Welt nichts unvergänglich ist. Im ersten Moment mag es paradox klingen, dass Japan als eine Nation, die sich dem *mono no aware* (»Pathos der Dinge«) verschrieben hat, der Kunst, die Flüchtigkeit des Lebens zu schätzen, einige der ältesten und beständigsten Institutionen der Welt vorzuweisen hat. Das Bauunternehmen Kongō Gumi beispielsweise wurde im Jahr 578 gegründet und existiert noch heute, wenn auch inzwischen als Teil eines größeren Konzerns. Japan ist auch das Land mit der ältesten ununterbrochenen Erbmonarchie der Welt. Der gegenwärtige Kaiser Naruhito ist bereits der 126. Inhaber des Chrysanthementhrons. Fast scheint es, als wäre die Akzeptanz der Vergänglichkeit das entscheidende Kriterium für die Langlebigkeit von Unternehmen und Monarchien. Der Schlüssel besteht darin, in Anerkennung des unvermeidlichen Wandels den *Nagomi*-Weg zu beschreiten.

Nun könnte natürlich jemand, der im Leben *nagomi* erlangt hat, immer noch Angst vor dem Sterben haben. Doch wir können auch mit unserer eigenen Sterblichkeit *nagomi* erreichen, wenn wir eine friedliche und harmonische Beziehung zu den Verstorbenen aufrechterhalten. In den meisten japanischen Haushalten findet sich ein sogenannter *butsudan*, ein buddhistischer Altar, der dem Andenken an verblichene Angehörige gewidmet ist und dazu dient, *nagomi* mit den Toten oder dem Tod allgemein herzustellen.

Ein *butsudan* ist meist poliert und mit aufwendigen Schnitzereien verziert, und in seinem Inneren werden Erinnerungsstücke an die Verstorbenen und buddhistische Kultgegenstände aufbewahrt. Meist gehören *Senko*-Räucherstäbchen dazu, deren duftender Rauch die Seelen der Toten nähren soll. Bringt ein Besucher Geschenke wie Süßigkeiten oder Obst mit, dann legt man diese zunächst als symbolische Opfergaben in den schrankähnlichen Hausaltar, um mit den Verstorbenen in Kontakt zu bleiben, denn solange man ihr Andenken pflegt, sind sie nicht richtig tot – so der Gedanke dahinter. Der *butsudan* und die mit ihm verbundenen Rituale dienen dazu, gestorbene Angehörige im Gedächtnis zu behalten.

Im Shintō – der japanischen Entsprechung des Buddhismus – werden Menschen nach ihrem Tod zu Göttern. Mit der westlichen Vorstellung eines allmächtigen Gottes als Schöpfer des Universums hat das wenig gemein. In Japan sind die Götter weitaus menschlicher. Eigentlich sind sie nicht mehr als verstorbene menschliche Wesen, die jedoch einen großen Einfluss auf unser Dasein haben. Jede dieser Gottheiten verkörpert eine Art von *nagomi* mit dem Tod.

Wenn jemand stirbt, kann er oder sie als Gott anerkannt und in einem Shintō-Schrein verehrt werden. Die göttlichen Namen, die die Verblichenen erhalten, spiegeln ihre Individualität zu Lebzeiten wider – ihre Persönlichkeit, ihre Lebensleistung und ihre Lieblingsgeschichten. Indem man ihnen göttliche Namen gibt, stellt man *nagomi* mit den Toten her und hält gleichzeitig das Andenken an sie lebendig.

Tokugawa Ieyasu (1543–1616), der Samurai-Krieger, der Japan in den Wirren der Sengoku-Zeit vereinigte und den Grundstein für das Tokugawa-Shogunat (1603–1868) legte, wurde nach seinem Tod zu der Gottheit Tōshō Daigongen (*tōshō* bedeutet »östliches Strahlen« und bezieht sich darauf, dass Ieyasu Tokio zur neuen Hauptstadt machte und damit dem Osten Japans Glanz verlieh; *Daigongen* ist ein Ehrentitel). Sugawara no Michizane, ein Aristokrat des Mittelalters (845–903), war zwar ein herausragender Gelehrter und Dichter, starb jedoch im Exil, nachdem er aufgrund einer Intrige eines Rivalen bei den Herrschern in Ungnade gefallen war. Nach seinem Tod wurde er zu Tenjin (wörtlich: »Gott des Himmels«), da man glaubte, sein wütender Geist hätte in Kyoto (der damaligen Hauptstadt Japans) ein heftiges Gewitter und damit einen Brand ausgelöst, bei dem einige der Leute starben, die Michizane in die Verbannung geschickt hatten. Im Laufe der Jahre wurde Tenjin zum Schutzgott der Gelehrten, worin sich Michizanes Lebensleistung widerspiegelt. In der japanischen Tradition dient der Name eines Gottes also dem Andenken an eine besondere Persönlichkeit, die kurz auf dieser Erde weilte und dann verstarb, so wie es uns allen unweigerlich ergeht.

Einmal hatte ich in Takachiho, im Süden Japans, eine interessante Begegnung mit einem jungen Shintō-Priester. Laut einer Legende sollen die japanischen Urgötter in Takachiho vom Himmel gestiegen sein, weshalb die bergige Region als Heimat der Götter gilt. Mein kurzes Gespräch mit dem eifrigen Priester fand während eines Besuchs dieses historisch bedeutsamen Ortes statt und stellte eine wahre Erleuchtung dar, weil es mir das Wesen der japanischen Gottheiten erstmals richtig vor Augen führte.

Wir standen vor der Amano-Iwato-Höhle (»Himmelstor«), wo sich der Mythologie zufolge die Sonnengöttin Amaterasu, Urmutter aller japanischen Götter, einst zeitweilig versteckt hielt. Ihr Bruder, der wilde und grausame Susanoo, hatte eine Reihe von Gräueltaten begangen, und Amaterasu konnte es nicht länger mitansehen. Sie zog sich in die Himmelstor-Höhle zurück, woraufhin die ganze Welt in tiefste Finsternis gehüllt wurde. Dies ist metaphorisch zu verstehen, auch wenn manche Gelehrte es für einen Verweis auf eine totale Sonnenfinsternis in grauer Vorzeit halten. Jedenfalls sorgte Amaterasus Verschwinden für allgemeine Unruhe unter den Göttern, weil ohne sie das Leben nicht mehr seinen gewohnten Gang ging. Sie versuchten deshalb, die Sonnengöttin mit fröhlicher Musik und Tanz wieder aus der Höhle hervorzulocken. Neugierig öffnete Amaterasu das Himmelstor ein Stück weit – und blickte in einen Spiegel namens Yata No Kagami, der draußen aufgestellt worden war (und der noch heute zu den drei heiligen Schätzen des Kaiserhauses gehören soll, auch wenn niemand, nicht einmal der Kaiser selbst, ihn je zu Gesicht bekommen hat). Bezaubert von ihrem eigenen Spiegelbild, verharrte Amaterasu kurzzeitig verwirrt. Die Götter machten sich dies zunutze, um sie aus der Höhle hinauszuführen. Und so wurde die Welt wieder erhellt.

Diese Geschichte erzählte der junge Priester mir und den anderen Besuchern der Höhle. Eigentlich handelte es sich eher um einen touristischen als um einen religiösen Vortrag, doch der Geistliche, der vermutlich frisch von der Shintō-Schule kam, erklärte alles mit großer Begeisterung.

Er schloss fast beiläufig mit den Worten: »Dies ist die Geschichte der Göttin Amaterasu. Zu ihren Lebzeiten besaß sie sicherlich auch einen menschlichen Namen, den wir jedoch nicht kennen. Vielleicht war es Himiko (so hieß eine berühmte Königin im alten Japan) oder ein anderer Name.«

Damit verneigte er sich und ging. Ich war zutiefst ergriffen von dieser Enthüllung und konnte mich einen Moment lang nicht von der Stelle rühren. Ich hatte das Gefühl, einen wichtigen Grundsatz der Shintō-Philosophie erstmals wirklich verstanden zu haben.

Dass Gottheiten gemäß ihrem Menschendasein benannt wurden, hatte ich auch vorher schon gewusst. Bis zu jenem schicksalhaften Tag war mir jedoch nicht klar gewesen, dass dies auch auf Amaterasu zutreffen könnte, die wichtigste Göttin der japanischen Mythologie. Wie der junge Shintō-Priester erwähnte, hatte Amaterasu mit großer Wahrscheinlichkeit einmal einen menschlichen Namen besessen, der dann jedoch in Vergessenheit geriet. Nach dem Tod dieser bezaubernden Frau gab man ihr den Namen Amaterasu, was wörtlich »strahlender Himmel« bedeutet. Zu ihren Lebzeiten muss sie also eine Person gewesen sein, die die Menschen in ihrem Umfeld glücklich gemacht und Licht in ihre Herzen gebracht hat. Deswegen wurde es so dunkel auf der Welt, als sie sich in die Höhle zurückzog. Amaterasu war der passende Name für das Andenken an diesen wunderbaren Menschen!

Heutzutage wird nur noch selten jemand zu einer Gottheit erklärt, auch wenn es weiterhin ein buddhistischer Brauch ist, den Verstorbenen einen *kaimyo* zu geben, einen posthum verliehenen buddhistischen Namen. Im *butsudan* werden Gedenktafeln angebracht, auf denen die *kaimyo* der verstorbenen Angehörigen verzeichnet sind. Dass sich Familienmitglieder und enge Freunde auf diese Weise innig an jemanden erinnern, bedeutet, dass trotz der Unausweichlichkeit des Todes *nagomi* möglich ist. Ähnliches gibt es auch in anderen Kulturen, zum Beispiel wenn Verstorbenen eine Parkbank gewidmet wird, wenn man ihr Grab besucht oder sich Fotos von ihnen anschaut. Diese Arten des liebevollen Andenkens stellen das ultimative *nagomi* des Lebens dar.

KAPITEL 9

NAGOMI DER GESELLSCHAFT

Bisher haben wir uns dem *nagomi* des Essens, des Ichs, der Beziehungen, der Gesundheit, des Lernens, der Kreativität und des Lebens gewidmet. All diese Aspekte machen zusammengenommen unsere Gesellschaft aus.

Wie bereits erwähnt, hat Japans Gesellschaft Elemente vieler verschiedener Kulturen übernommen. Während der Phase der Modernisierung war der Einfluss des Westens besonders groß. *Nagomi* ermöglichte es den Japanerinnen und Japanern, diese kulturellen Komponenten in die nationalen Gepflogenheiten zu integrieren, ohne die eigene Identität zu verlieren. Das Japanische kennt sogar einen Ausdruck für übermäßige westliche Einwirkung: *batakusai* (wörtlich: »nach Butter riechend«). Ist etwas extrem *batakusai*, droht man, vom Weg des *nagomi* abzukommen. Beispielsweise ist in Japan die Kunstgattung der Satire, die aktuelle Ereignisse aufs Korn nimmt, trotz der ehrwürdigen Komödientradition des *rakugo* (vgl. Kapitel 4) unbekannt. Auch geisteswissenschaftliche Studien, die eigenverantwortliches Lernen voraussetzen, haben es schwer in Japan, wo in den Lehranstalten das Wissen ausschließlich per Fragebögen geprüft wird. Und ein von staatlichen Informationsquellen unabhängiger, investigativer Journalismus ist in der japanischen Medienlandschaft kaum zu finden.

Zugegebenermaßen ist die kulturelle Assimilation ein schwieriger Balanceakt. *Nagomi* der Gesellschaft bedeutet, dass man bei Entscheidungen alle für das menschliche Leben wichtigen Aspekte berücksichtigt. Gewinnmaximierung allein reicht nicht aus; selbst Maßnahmen, die auf den ersten Blick ineffizient erscheinen, können demnach das Ergebnis eines fein austarierten Gleichgewichts sein. Im Sinne der Metapher vom fliegenden Teppich geht es darum, verschiedene Elemente miteinander in Einklang zu bringen, um nachhaltigen wirtschaftlichen Fortschritt gemäß dem *Nagomi*-Prinzip zu erzielen.

Das lässt sich gut an einem Beispiel veranschaulichen. Mit einer Größe von nur einem Meter fünfzig war Eiichi Shibusawa ein kleiner Mann; seine Errungenschaften waren dagegen umso größer. Innerhalb weniger Jahrzehnte gründete er zahlreiche Unternehmen, die sich zu ökonomischen Giganten entwickelten: die Mizuho Bank, Tokio Marine, das Imperial Hotel, die Tokioter Börse, Kirin Beer, Sapporo Beer, Jiji Press, Kyodo Press und die Reederei Nippon Yūsen. Zudem war Shibusawa an der Gründung der Hitotsubashi-Universität und der japanischen Rotkreuz-Gesellschaft beteiligt. Oft wird er als »Vater des japanischen Kapitalismus« bezeichnet – um dieses Verdienst zu würdigen, wird sein Gesicht ab 2024 die

10 000-Yen-Scheine zieren, auf denen derzeit noch der Intellektuelle Yukichi Fukuzawa zu sehen ist.

Ein näherer Blick auf Shibusawas Vorgehensweise zeigt, wie wichtig es ihm war, trotz der gnadenlosen wirtschaftlichen Konkurrenz den *Nagomi*-Grundsätzen treu zu bleiben. Er war der Überzeugung, der Zweck eines Privatunternehmens bestehe nicht allein darin, größtmöglichen Profit abzuwerfen, sondern vielmehr darin, ein Gleichgewicht zwischen Wohlergehen und Gewinn herzustellen – sowohl für die Investoren als auch die Angestellten, Kunden und die gesamte Gesellschaft. In seinem bekanntesten Buch mit dem Titel *Rongo to Soroban* (»Die Gespräche des Konfuzius und der Abakus«) vertritt Shibusawa die Ansicht, es sei wichtig, ethische Grundsätze und Profite sorgfältig auszubalancieren, indem man einen großen Teil des privaten Wohlstands an die Gesellschaft zurückgebe. So kann seiner Meinung nach wirtschaftliches Wachstum erzielt werden, von dem die gesamte Bevölkerung profitiert.

In der heutigen Zeit, in der gierige Unternehmer und Vorstandsvorsitzende sich einen unangemessen großen Anteil des globalen Reichtums gesichert haben, erscheinen solche Vorstellungen romantisch, vielleicht sogar wirklichkeitsfremd. Doch darf man derartige Ideale im Morast unangenehmer Realitäten nicht aus dem Blick verlieren. Shibusawas Philosophie repräsentiert ein erstrebenswertes Modell für eine bessere Welt.

Auch stellt Shibusawa in der langen Geschichte der japanischen Ökonomie keinen Einzelfall dar. Bereits in der Edo-Zeit, vor der Modernisierung des Landes, vertraten zu Reichtum gekommene Japaner und Japanerinnen ähnliche Ansichten. Die besondere Bedeutung von Shibusawas Wirken besteht darin, dass er das traditionelle japanische Ethos des Teilens und des Gemeinsinns mitten im Entstehungsprozess der Nation in die Tat umsetzte. Aus diesem Grund ist sein Erbe noch heute in der gesamten japanischen Wirtschaft, ja generell in der Denk- und Lebensweise der Menschen spürbar. Gewiss, auch in Japan zeigt sich inzwischen ein von Gewinnstreben getriebener Kapitalismus; bislang ist er jedoch eher eine Randerscheinung. Auch manche japanische Ökonomen predigen die Bedeutung von Gewinnmaximierung für die Aktionäre, ohne jedoch großen Widerhall zu finden. Für die Mehrheit der Japanerinnen und Japaner klingt Shibusawas Philosophie weit überzeugender als die Forderungen habgieriger Firmenbosse nach größtmöglichem Profit. Shibusawas Beispiel verdeutlicht, wie viel Weisheit in der japanischen Ausprägung des Kapitalismus verborgen liegt. Es ist die Weisheit von *nagomi*.

Einmal besuchte mich die Berliner Sozialwissenschaftlerin Dr. Anna Froese. Sie wollte mehr über die gesellschaftliche Bedeutung von *ikigai* erfahren, dem Thema meines letzten Buches. Anna und ich unterhielten uns in meinem Labor, dann gingen wir in eine *izakaya* (Sie erinnern sich, so heißen die japanischen Tavernen) im Herzen des Gotanda-Distrikts von Tokio, wo sich das Labor befindet. Infolge des in Japan generell noch immer vorherrschenden *Gender Bias* waren etwa achtzig Prozent der Gäste Männer. Anna erkundigte sich nach ihnen, und ich erklärte ihr, dass es sich um Beschäftigte einer der umliegenden Firmen handele. In Japan, so fuhr ich fort, sei es Sitte unter Büroangestellten, sich in einer *izakaya* zu treffen und über alles Mögliche auszutauschen, über Probleme mit der Arbeit, dem Vorgesetzten, der Familie, der Gesundheit und so weiter. Sich beim Essen und Trinken die Sorgen von der Seele zu reden, ist hierzulande unter den Arbeitnehmerinnen und Arbeitnehmern ein beliebter Zeitvertreib und gilt als Wundermittel, um Stress abzubauen und zwischenmenschliche Beziehungen zu stärken.

Anna machte ein überraschtes Gesicht. Was wiederum mich überraschte. Sie erklärte mir, dass es dem durchschnittlichen deutschen Angestellten nicht im Traum einfiele, so etwas zu tun. In den deutschen Wirtschaftsunternehmen gebe es in Sachen Beförderung einen enormen Konkurrenzdruck; daher würden die Geschäftsleute den Kollegen niemals ihre Schwächen offenbaren. In dem Moment erkannte ich einen der größten kulturellen Unterschiede zwischen Japan und Deutschland. Und mir wurde zugleich klar, wie sehr das Leben japanischer Erwerbstätiger vom Geist des *nagomi* durchdrungen ist.

Seit jeher betrachten Japaner und Japanerinnen den Kollegenkreis als eine Art Familie. Am Arbeitsplatz herrscht ein Grundgefühl von Vertrautheit und Zusammengehörigkeit, getragen von der Maxime des Gebens und Nehmens; und so ist es nicht verwunderlich, dass Kollegen sich einander anvertrauen. Eine *izakaya* ist ein geeigneter Ort, um, beschwingt vom Sake, die eigene Verletzlichkeit einzugestehen. Seit einiger Zeit zieht diese vertrauliche Atmosphäre allerdings Kritik auf sich, nicht nur vonseiten ausländischer Unternehmen, sondern auch seitens Einheimischer. Die Familiarität, die in japanischen Firmen herrsche, sei ein Nährboden für Ineffizienz, heißt es. Mehr Konkurrenzdenken sei gefragt, und die Mitarbeiter dürften sich nicht so gehen lassen.

Diese Forderungen stehen im Widerspruch zu Shibusawas Überzeugung, dass Gewinnmaximierung im Wirtschaftsleben nicht das Entscheidende sei. Im Kern geht es um etwas weit Komplexeres, das die ganze Bandbreite des menschlichen Lebens umfasst. Übergeordnetes Ziel sollte eine *Nagomi*-Maximierung sein, also die Erzeugung eines allgemeinen *Nagomi*-Empfindens unter den Beschäftigten eines Unternehmens. Alles andere ist zweitrangig.

Die Praxis von *nagomi* in japanischen Firmen zeigt, dass auch Dinge, die auf den ersten Blick nicht perfekt wirken, vom Geist des *nagomi* durchdrungen sein können. Und das gilt nicht nur für die Wirtschaft.

Politik ist gewiss nicht jedermanns Sache, doch hat sie Auswirkungen auf unseren Alltag, unsere langfristige Zukunft und somit auch auf unser Lebensglück. Der Schwerpunkt der japanischen Politik liegt seit jeher auf dem Erzielen eines gesellschaftlichen *nagomi* – sowohl in innenpolitischer als auch in außenpolitischer Hinsicht.

Japan ist eine Demokratie; die Mitglieder des Parlaments werden durch freie Wahlen bestimmt. Verglichen mit westlichen Ländern wie den Vereinigten Staaten und Großbritannien, ja sogar im Vergleich zu asiatischen Nachbarstaaten wie Südkorea und Taiwan hat es in Japan recht wenige Regierungswechsel aufgrund von Wahlergebnissen gegeben: Seit dem Zweiten Weltkrieg ist die Liberaldemokratische Partei (LDP) fast ununterbrochen an der Macht. Die Ursache für diese große Kontinuität ist nicht nur für Außenstehende, sondern selbst für Japaner und Japanerinnen nicht klar erkennbar. Einige – darunter auch ich – fragen sich, ob das lange Regieren der LDP in verschiedenen Koalitionen auf eine Unreife der japanischen Demokratie schließen lässt. Doch mit Blick auf *nagomi* liegt eine andere Schlussfolgerung nahe.

Der Erfolg der LDP ist möglicherweise darauf zurückzuführen, dass es für die Partei nicht ungewöhnlich ist, mit der Opposition – bisweilen hinter verschlossenen Türen – über politische Fragen zu verhandeln; tatsächlich wurden manche Forderungen der Gegenseite (bessere soziale Absicherung, Erhöhung des Mindestlohns etc.) von der LDP umgesetzt. Die anderen Parteien fungierten somit nicht wirklich als Opposition, sondern vielmehr als politische Ergänzung. Gerüchten zufolge soll der »Geheimfonds« des Chefkabinettssekretärs in Höhe von monatlich mehr als einer Million US-Dollar auch für Verhandlungen mit den Oppositionsparteien genutzt worden sein – und vermutlich entspricht dies durchaus der Wahrheit. Der »Geheimfonds«, der reibungsloses Regieren gewährleisten soll, wird demnach eingesetzt, um *nagomi* zwischen der Regierung und der Opposition zu erzielen.

Aus westlicher Perspektive mag das nach Korruption klingen, genauer besehen verbirgt sich jedoch etwas anderes dahinter. Ein politisches System, in dem abwechselnd zwei große Parteien an der Macht sind, erscheint vielleicht zunächst sinnvoll – jedenfalls besser als eine Einparteienherrschaft –, bringt es aber mit sich, dass sich jeweils eine Hälfte der Bevölkerung nicht wahrgenommen fühlt, da die Partei, für die sie gestimmt hat, gerade nicht die Regierung bildet. In den USA zum Beispiel fühlen sich entweder die Unterstützer der Demokraten oder die der Republikaner vom politischen Prozess ausgeschlossen, je nachdem, welche Partei gerade den Präsidenten im Weißen Haus stellt. Dasselbe gilt für die Wähler der Konservativen beziehungsweise der Sozialdemokraten in Großbritannien. In diesen Ländern sprechen Menschen mit gegensätzlichen Meinungen oft nicht einmal mehr miteinander – ein großes Problem in unserer Zeit des Postfaktischen und der Echokammer-Effekte.

Nagomi eignet sich wunderbar als Leitlinie für das Verhalten eines jeden von uns in Gesellschaft, Politik und anderen Lebensbereichen. So wie Gewinnmaximierung nicht das alleinige Ziel wirtschaftlichen Tuns sein sollte, so sollte es in der Politik nicht nur darum gehen, das Programm der Regierungspartei umzusetzen und die Opposition möglichst kleinzuhalten. Da wirtschaftliche und gesellschaftliche Sachverhalte zunehmend komplexer werden, ist es umso wichtiger, gegenteilige Ansichten gemäß dem *Nagomi*-Prinzip zu betrachten. So können Konflikte ausgeglichen und nachhaltigere, produktivere politische Programme erreicht werden. Egal, wie überzeugt man von der eigenen Position ist – es kann nachteilige, ja sogar katastrophale Folgen haben, diese Idealvorstellung auf Biegen und Brechen umsetzen zu wollen. In der Politik ist es stets ratsam, den Weg des *nagomi* einzuschlagen und Harmonie zwischen verschiedenen Positionen anzustreben.

Ein prominentes Beispiel dafür, wie gesellschaftliche Nachhaltigkeit durch *nagomi* erzielt werden kann, ist die japanische Kaiserfamilie. Ihre politische Haltung (wenn man das überhaupt so nennen kann) ist *nagomi* in Reinkultur. Während der langen Geschichte des Landes hat das Kaiserhaus stets jede Form von Bündnissen mit den herrschenden politischen Kräften vermieden, unabhängig davon, wie stark diese auch scheinen mochten. Anstatt sich eng an die wechselnden Machthaber zu binden, fungierte der Kaiser zu allen Zeiten als Vermittler und überließ die letzte Entscheidungs- und Regierungsgewalt den jeweils herrschenden Samurai oder Shogunen. Infolge dieser Haltung ist das japanische Kaiserhaus heute die älteste Erbmonarchie der Welt.

Das *Nagomi*-Prinzip anzuwenden, ist auch im Alltag, in unseren persönlichen Beziehungen sinnvoll. Wie bereits erwähnt, beruht die westliche Herangehensweise oftmals zu sehr auf Konfrontation statt auf Harmonie. Viele halten es für wichtig, einen Gegner zu besiegen; dabei sollte man im Sinne von *nagomi* eher darum bemüht sein, sich niemanden zum Feind zu machen. Wenn man eine Person herabwürdigt, wird sie sich natürlich verletzt fühlen und dementsprechend weniger bereit sein, mit einem zusammenzuarbeiten oder gar Freundschaft zu schließen. In unserer heutigen vernetzten Welt bewirken insbesondere die sozialen Medien, dass jeder von uns im Schnitt nur sechs oder noch weniger Kontakte von sämtlichen anderen Menschen entfernt ist; daher ist es generell unklug, es sich mit jemandem zu verscherzen.

Das heißt nicht, dass man mit seiner Meinung hinter dem Berg halten muss; nur sollten wir alle versuchen, uns nicht unfair oder unfreundlich zu verhalten. Im Geiste von *nagomi* sollten wir auch mit unserem ärgsten Gegner eine Zusammenarbeit anstreben und gute Beziehungen pflegen. Identitätspolitik kann für eine Gesellschaft schädlich sein, wenn sich die Konflikte zwischen den Gruppen zu sehr in den Vordergrund drängen. Den Standpunkt anderer zu tolerieren und die Rolle eines Mittlers statt eines Kämpfers einzunehmen, lohnt sich immer. *Nagomi* mit Ihren Feinden zu praktizieren, kann Ihr Leben enorm bereichern. Haben Sie die Kunst des *nagomi* einmal erlernt, können Sie sich weiterentwickeln und Erfolg haben, indem Sie die große Vielfalt der Welt gutheißen.

Je stärker sich eine allgemeine Konfrontationshaltung ausbreitet und je wahrscheinlicher Konflikte zwischen gegensätzlichen Ideologien werden, desto wichtiger ist es, die *Nagomi*-Fertigkeiten zu fördern und auf alle Bereiche der Gesellschaft anzuwenden. Eigene Überzeugungen müssen zuweilen im Dienste der Allgemeinheit hintangestellt werden. Schließlich endete so manches soziologische Experiment, das die Erschaffung einer idealen Gesellschaft zum Ziel hatte, in einer Katastrophe.

Japan nimmt in Auseinandersetzungen traditionell eine vermittelnde Position ein. In Einzelfällen jedoch – etwa im Zweiten Weltkrieg – trat es bedauerlicherweise militärisch aggressiv auf und kam vom Weg des *nagomi* ab, mit schrecklichen Folgen für das Land selbst und seine Nachbarstaaten.

In der jüngeren Vergangenheit hat Japan oft zu lange gezögert, wenn es darum ging, gegen Menschenrechtsverstöße und autoritäre Regierungspraktiken zu protestieren und Sanktionen zu verhängen. So ist es nicht verwunderlich, dass der japanischen Regierung wie auch der Bevölkerung ein mangelndes Bewusstsein für Menschenrechte vorgeworfen wird. Diese Kritik ist zumindest teilweise berechtigt. Trotz einiger Gegenmaßnahmen sind die Fortschritte im Bereich der Gleichstellung der Geschlechter in Japan derzeit zum Erliegen gekommen. Japanische Fernsehsender und Zeitungen stehen schon seit Längerem wegen der sogenannten Kisha Clubs in der Kritik. Diese exklusiven Journalistenvereinigungen kontrollieren den Zugang unabhängiger Journalisten und ausländischer Medienvertreter zu Informationen, wodurch die Pressefreiheit in Japan im Vergleich zu anderen führenden Industrienationen stärker eingeschränkt ist.

Auch in Japan läuft also nicht alles perfekt. In der letzten Zeit hat das Land allerdings tragfähige Beziehungen zu anderen Staaten aufgebaut – auch zu solchen, gegen deren Regierungssysteme gewisse Vorbehalte bestehen.

Die heutige Welt ist von Spannungen zwischen unterschiedlichen Gesellschaftsstrukturen und Werten gekennzeichnet. In den Jahren unmittelbar nach dem Fall der Berliner Mauer sah man der Zukunft der menschlichen Zivilisation zunächst voller Optimismus entgegen. Es bestand die Hoffnung, dass das Modell der parlamentarischen Demokratie in Kombination mit einer freien Marktwirtschaft triumphieren würde. 1992 behauptete Francis Fukuyama in seinem berühmten Buch *Das Ende der Geschichte*, der Konkurrenzkampf zwischen den verschiedenen Gesellschaftssystemen sei zu Ende. Die jüngsten Entwicklungen zeigen jedoch, dass Fukuyama sich getäuscht hat – oder zumindest, dass das letzte Wort noch nicht gesprochen ist.

Die Wertvorstellungen mancher Nationen liegen so weit auseinander, dass Kompromisse unmöglich erscheinen. Und die Regierungen sind offenbar fest davon überzeugt, jeweils über das beste Konzept zur Etablierung einer lebenswerten Zukunft zu verfügen. Hier nun kann *nagomi* dabei helfen, eine wahrhaft harmonische, nachhaltige Zukunft zu erschaffen. Auch wenn es wie ein Klischee klingt: Alle Menschen, egal, welcher Nation sie angehören, sind gleich und haben die gleichen Träume und Ziele. Selbst wenn die Staaten sehr unterschiedliche Ideologien vertreten, sollten sie dennoch in der Lage sein, in Harmonie nebeneinander zu existieren. Würden wir alle gemeinsam lächeln, wäre dies im Sinne von *nagomi* der Gesellschaft ein großer Schritt in Richtung einer friedlicheren Welt.

Damit ist jedoch nicht unbedingt Unterwerfung, Konformität oder Preisgabe der eigenen Prinzipien gemeint. Vielmehr beruht das *nagomi* der Gesellschaft auf der Anerkennung von Unterschieden und dem Respekt für andere Weltanschauungen, die sich in einem komplexen kulturellen und geschichtlichen Prozess herausgebildet haben. Zu oft herrscht der Glaube vor, ein Mensch oder eine Gruppierung habe die »richtige« Antwort und die andere Seite sei im Irrtum. Zum Weg des *nagomi* gehört es, die Meinungen anderer gelten zu lassen, selbst wenn man sich völlig im Recht fühlt.

Bezeichnenderweise hat sich in der japanischen Gesellschaft keine Ideologie jemals ganz durchsetzen können. Immer wenn eine bestimmte Gesinnung Fuß zu fassen begann, gab es entweder systemimmanenten oder spontanen Widerstand, um das gesellschaftliche *nagomi* zu erhalten. Zum Beispiel breitete sich das Christentum ab der Mitte des 16. Jahrhunderts in Japan aus, wurde aber bald wieder entschieden zurückgedrängt. Die Samurai befürchteten, die fortschreitende Christianisierung könnte die japanische Kultur grundlegend verändern und letztlich zerstören. So gesehen war die brutale Verfolgung der Christen, die Endō Shūsaku in seinem meisterhaften Roman *Schweigen* schildert, vielleicht eine bedauerliche, aber unausweichliche Konsequenz des Bestrebens, *nagomi* zu bewahren.

Diverse Elemente des christlichen Glaubens haben sich dennoch bis heute in Japan erhalten. Insgesamt gibt es kaum Konflikte zwischen den verschiedenen Religionen. Für Japaner und Japanerinnen ist es nicht ungewöhnlich, nach christlichem Brauch zu heiraten, zu Neujahr einen Shintō-Schrein aufzusuchen (diese Sitte heißt *hatsumoude*, wörtlich: »erster Schreinbesuch im Jahr« – der für viele der einzige bleibt) und sich nach buddhistischem Ritus bestatten zu lassen. Viele finden es ganz normal, den Traditionen verschiedener Religionen zu folgen. Christliche Hochzeiten gelten als besonders romantisch, der Besuch eines Shintō-Schreins am Neujahrstag gibt das Gefühl, eine neue Seite im Leben aufzuschlagen, und das buddhistische Ritual passt am besten zum Ernst eines Begräbnisses.

Zutiefst gläubigen Menschen mag diese Herangehensweise leichtfertig, ja sogar respektlos vorkommen; doch dafür gibt es in Japan kaum religiöse oder andere soziale Konflikte. In meinen Augen ist dies eine der größten Errungenschaften des *nagomi* der Gesellschaft.

Einerseits ist es wichtig, zeitlebens neugierig zu bleiben, zu lernen und offen für neue Einflüsse zu sein. Andererseits muss jede Gesellschaft zur Wahrung ihrer Stabilität ein inneres Gleichgewicht finden. *Nagomi* hat nichts mit Ideologien zu tun, ob nun linker oder rechter, progressiver oder konservativer, religiöser oder säkularer Natur. Stattdessen geht es einzig und allein darum, die richtige Balance im Leben herzustellen. Besonnen eingesetzt, lassen sich durch *nagomi* individuelle Freiheit und Diversität gleichermaßen fördern, sodass wir gemeinsam an Kulturen teilhaben und friedlich miteinander leben können.

KAPITEL 10

NAGOMI DER NATUR

Um das *nagomi* der Natur zu veranschaulichen, lohnt sich ein Blick auf die japanische Tradition des *kintsugi*. Bei dieser althergebrachten Reparaturmethode für Keramik fügt man die Bruchstücke mithilfe von *urushi*, einer aus dem Harz des chinesischen Lackbaums gewonnenen und mit Goldstaub oder anderen Edelmetallen vermischten Substanz, wieder aneinander. *Kintsugi* ist demnach Ausdruck einer Wertschätzung von fehlerhaften Dingen. Dieses Prinzip kann auf nahezu alles angewandt werden. Statt beschädigte Tassen oder zerbrochene Schüsseln wegzuwerfen, setzt man die Scherben, die als wertvoller Teil des Ganzen gelten, behutsam zusammen. Im Sinne von *kintsugi* dürfen wir auch unsere Erde nicht aufgeben, nur weil wir ihr durch unser Tun Schaden zugefügt haben.

Vermutlich weist kaum ein anderes Volk eine so umfassende Sichtweise des Lebens auf wie das japanische. Tatsächlich wird im Buddhismus sogar Pflanzen – die seit jeher eine wesentliche Rolle in der japanischen Spiritualität spielen – eine Seele zugeschrieben. In unserer durchtechnisierten und urbanisierten Welt glauben mittlerweile viele, man könne ohne die Natur auskommen. Das ist jedoch ein großer Irrtum.

Ikebana, die japanische Kunst des Blumenarrangierens, wird von der Familie Ikenobō seit über fünfhundert Jahren im Herzen der alten Stadt Kyoto betrieben. Senkō Ikenobō IV ist das erste weibliche Oberhaupt (*iemoto*) in der langen *Ikebana*-Geschichte der Ikenobō-Schule. Fragt man einen der dortigen Meister nach der Bedeutung von *ikebana*, wird er oder sie immer antworten, dass darin der Respekt vor allen Lebewesen zum Ausdruck komme und es sich um ein Gebet für ihr Seelenheil handle. Die floralen Arrangements sind demnach eine Art Fürbitte für sämtliche Kreaturen.

Selbstverständlich müssen für *Ikebana*-Gestecke Blumen abgeschnitten werden, was ihr kostbares Dasein verkürzt. Doch macht die Komposition die Blüten, Blätter und Zweige noch schöner, als sie es von Natur aus sind. Diese Aufwertung des Äußeren geht mit einer spirituellen Erhöhung einher. *Ikebana* stellt also eine praktische Anwendung des *Nagomi*-Weges dar: Die Grenzen zwischen den Lebensformen werden aufgehoben, wodurch Menschen und Pflanzen zu Seelenverwandten werden.

Wie in allen Lebensbereichen ist auch bei der Betrachtung der Natur entscheidend, ein *nagomi* zwischen unterschiedlichen Perspektiven zu erzielen. Das *Satoyama*-Konzept veranschaulicht besonders gut, wie ein gelungenes Gleichgewicht zwischen natürlichen Gegebenheiten und menschlicher Einwirkung aussehen kann: Das Wort *satoyama* setzt sich aus *sato* (»Dorf«) und *yama* (»Berg«) zusammen und beschreibt geografische Räume, in denen Zivilisation und Natur ein harmonisches Ganzes ergeben. In Japan sind solche Landschaften häufig an den Übergängen von Ebenen und Tälern zu Bergen anzutreffen.

Satoyama ist wunderschön, und wer einmal eine solche Gegend gesehen hat, dem hat sich ein Eindruck davon eingeprägt, wie ein vom Geiste des *nagomi* durchdrungenes Leben aussehen sollte. Zugleich kann der Anblick auch als Inspiration für das *nagomi* der Gesundheit dienen.

In Hayao Miyazakis Anime-Film *Mein Nachbar Totoro* kommt dieses Konzept wunderbar zum Ausdruck. Die bäuerliche Landschaft, in der die Mädchen Satsuki und Mei Abenteuer erleben, ist ein charakteristisches Beispiel für *satoyama*. Zwar hat Miyazaki sich nie explizit dazu geäußert, aber vermutlich diente dem Regisseur Tokorozawa als Vorbild, eine Stadt nördlich von Tokio in der Präfektur Saitama. Die Tochter eines Freundes von Miyazaki habe, so heißt es, den Namen Tokorozawa wie »Totorozawa« ausgesprochen, wodurch »Totoro«, das riesenhafte Wesen im Film, zu seinem Namen gekommen sei. Insbesondere die grünen Sayama-Hügel, die sich zwischen Tokorozawa und Tokio erstrecken, haben große Ähnlichkeit mit der im Film dargestellten Gegend. Der Regisseur ist mittlerweile einer der Mitbegründer einer Naturerbe-Stiftung, deren Anliegen es ist, dieses Hügelland zu schützen.

Miyazakis Film verdeutlicht, wie wohltuend solche *Satoyama*-Landschaften für den Menschen sind. Tatsächlich verdankt sich die Lebensvielfalt in derartigen Regionen menschlicher Einwirkung. Im Westen herrscht die Meinung vor, die Natur gedeihe am besten, wenn sie vom Menschen unberührt bleibe. Dies ist zweifellos nachvollziehbar – schließlich wird niemand bestreiten, dass ein naturbelassener Wald wertvoll und schützenswert ist. *Satoyama* stellt allerdings einen alternativen Ansatz dar, demzufolge menschliches Tun die Natur nicht zwangsläufig zerstört, sondern im Gegenteil die Biodiversität steigern und einzigartige Habitate und Ökosysteme erschaffen kann. In einer typischen *Satoyama*-Landschaft können Natur und Zivilisation jahrhundertelang harmonisch koexistieren.

Unweit von Takashima, einer Stadt in der Präfektur Shiga am Biwa, dem größten japanischen See, findet sich ein besonders schönes Beispiel für ein solches Konzept. Grünflächen, Wasserläufe sowie zahlreiche Tier- und Pflanzenarten bilden hier ein einzigartiges Ökosystem. Berühmt ist die Gegend vor allem für die Karpfen, die in Kanälen in unmittelbarer Nähe zu den Wohnhäusern leben – ja sogar in diese hineinschwimmen können: Durch Rohrverbindungen fließt natürliches Quellwasser in die Wasserbecken der Küchen. Für die Bewohner der Region sind die Becken mit den darin herumschwimmenden Karpfen ein ganz alltäglicher Anblick, der sinnbildlich für das Prinzip des *satoyama* steht.

Die Karpfen sind nicht nur wunderschön anzuschauen, sondern haben auch einen praktischen Nutzen. Nach dem Essen stellen die Bewohner das schmutzige Geschirr in die

Küchenbecken, und die Fische fressen die Essensreste – und erledigen so nebenbei den Abwasch. Reisreste scheinen den Karpfen besonders gut zu schmecken.

Die *Nagomi*-Balance zwischen den Leben von Mensch und Karpfen ist das Ergebnis von Klugheit, Leidenschaft und Geschicklichkeit – von *teire*. Dieser Begriff bedeutet »Hand anlegen« oder, in einem weiteren Sinne, »beständige Pflege«. *Teire* spielt eine wichtige, ja unabdingbare Rolle beim Bestreben, die Natur zu bewahren und zu schützen. Die Schönheit japanischer Gärten – von den zahlreichen Privatanlagen bis hin zu den Stätten, die als UNESCO-Welterbe anerkannt wurden – verdankt sich dem *teire* der Gärtner und Gärtnerinnen. Ohne dieses Engagement könnten weder die Wälder und Parks des Landes noch die *Bonsai*-Kultur (von der gleich noch die Rede sein wird) erhalten werden.

Im Wesentlichen beruht *teire* auf einem *nagomi* zwischen künstlichen und natürlichen Prozessen. Ohne Zutun des Menschen gäbe es den prächtigen Anblick der Karpfen in den Küchenbecken nicht. Denn das Rohrsystem, das es den Fischen ermöglicht, die Grenze zwischen Natur und Kultur zu überwinden, ist das Ergebnis eines auf *teire* beruhenden *nagomi*.

Ohne die durch *teire* geschaffenen *Satoyama*-Landschaften ist die Umwelt selbst bedroht. Schon in meiner Kindheit liebte ich die Natur. Besonders Schmetterlinge hatten es mir angetan, und so durchstreifte ich als Amateurentomologe verschiedene *Satoyama*-Gegenden. Die Ergebnisse meiner Forschungen zeigte ich auf der lokalen Wissenschaftsmesse und erhielt dafür einige Auszeichnungen. An eine Schmetterlingsart erinnere ich mich besonders gut: *Niphanda fusca* – klein, beige-grau und mit elegantem Fleckenmuster auf der Flügelunterseite. Sie ist in von Menschen gestalteten Gebieten mit offenem Grasland und lichten Wäldern beheimatet. Diese Schmetterlinge, die nur in ostasiatischen Ländern einschließlich Japans und Koreas heimisch sind, ernähren sich vom süßen Sekret der Ameisenart *Camponotus japonicus*. Beide Insektenarten sind auf Landschaften angewiesen, in denen sich menschliche Einwirkung und natürlicher Lebensraum harmonisch ergänzen. Leider nimmt die Population von *Niphanda fusca* stark ab, und er steht inzwischen auf der Roten Liste gefährdeter Schmetterlinge Japans, was wiederum auf das Verschwinden der *Satoyama*-Regionen zurückzuführen ist. Traditionelle Tätigkeiten wie die Landwirtschaft, das Sammeln von Feuerholz und das Zurückschneiden von Gestrüpp in den Wäldern werden infolge des gesellschaftlichen Wandels deutlich seltener ausgeübt – sie sind sehr arbeitsintensiv und in ökonomisch schwierigen Zeiten nicht mehr lohnenswert.

Auch einige vom Aussterben bedrohte Schmetterlingsarten sind nur in *Satoyama*-Landschaften zu finden: Die prächtige orangefarbene Spezies *Fabriciana nerippe* ist vorwiegend in Graslandschaften beheimatet, die durch Landwirtschaft und Beweidung entstehen. *Shijimiaeoides divinus*, ein eleganter kleiner blauer Schmetterling, besiedelt an Äcker angrenzende Wiesen und abgeerntete Reisfelder. Dass einstmals weitverbreitete Arten inzwischen gefährdet sind, liegt wohl zum großen Teil daran, dass sich die Ausprägung der menschlichen Eingriffe in die Natur stark verändert hat.

Es ist erstaunlich, wie viele bedrohte Spezies von den *Satoyama*-Landschaften, den Grenzgebieten zwischen natürlichem und künstlichem Lebensraum, abhängen. Sehen Sie es mir bitte nach, dass ich hier nur auf die Schmetterlinge eingehe, die mir seit meiner Kindheit am Herzen liegen. Daneben gelten auch andere Insekten, Säugetiere, Vögel, Fische, Pflanzen und Pilze, die auf solche Gegenden angewiesen sind, mittlerweile als gefährdet. Menschliche Einwirkung kann also sowohl zur Entstehung als auch zur Zerstörung artenreicher Lebensräume führen. *Nagomi* der Natur bedeutet, sich der komplexen Zusammenhänge bewusst zu sein, auf denen solche Ökosysteme beruhen.

Abschließend möchte ich noch auf *bonsai*, eine japanische Form der Gartenkunst, eingehen, bei der *nagomi* und *satoyama* als Grundprinzipien für ein harmonisches Miteinander von Mensch und Natur dienen.

Der Ursprung von *bonsai* liegt in China, wo es *penjing* oder *penzai* genannt wurde; und wie andere chinesische Einflüsse machte auch diese Tradition in Japan eine eigenständige Entwicklung durch.

Heute ist *bonsai* in der ganzen Welt verbreitet. Im Park des Kaiserpalasts in Tokio wachsen etwa sechshundert Bonsaibäume, die neunzig verschiedenen Arten angehören und zu den prächtigsten Vertretern dieser Kunst zählen. Manche davon sind mehrere Hundert Jahre alt, was beständigem *teire* zu verdanken ist.

Teire ist ein wesentlicher Aspekt der *Bonsai*-Kultur, da der kleine Wuchs der Bäume nur durch regelmäßigen Beschnitt zu erzielen ist. Ein *Bonsai*-Künstler erzählte mir einmal, er krümme die Stämme und Äste der Miniaturbäume, um den Einfluss von Wind und Schneefall nachzuahmen; so imitiere er in der kleinen Pflanzschale des Baumes das Wirken von Mutter Erde. Ein schöneres Sinnbild für ein durch *teire* geschaffenes *satoyama* und damit für das perfekte *nagomi* der Natur könnte es kaum geben.

SCHLUSSBEMERKUNG

Lassen Sie uns noch einmal die fünf *Nagomi*-Säulen betrachten:

1. **Führen Sie glückliche Beziehungen mit Ihren Liebsten, selbst wenn Sie nicht einer Meinung sind.**
2. **Lernen Sie Neues, und bleiben Sie sich dabei dennoch stets treu.**
3. **Finden Sie Frieden in allem, was Sie tun.**
4. **Mischen und verbinden Sie ungleiche Elemente, um ein harmonisches Gleichgewicht zu schaffen.**
5. **Erlangen Sie ein tieferes Verständnis der japanischen Lebensphilosophie.**

Nachdem Sie das Buch gelesen haben: Was halten Sie von diesen Säulen?

– Sind Sie nun eher geneigt, glückliche Beziehungen mit Ihren Lieben zu führen, selbst wenn Sie nicht immer einer Meinung sind?

- Fühlen Sie sich stärker dazu in der Lage, Neues lernen zu können und sich dabei dennoch treu zu bleiben?
- Kommt Ihnen das Ziel, in allem, was Sie tun, ein Gefühl von Frieden zu finden, erreichbarer oder zumindest erstrebenswert vor?
- Können Sie sich vorstellen, versuchsweise ungleiche Elemente zusammenzufügen und dadurch ein harmonisches Gleichgewicht herzustellen?
- Erscheint Ihnen das Konzept von *nagomi* nun womöglich verständlicher und bedeutsamer?

Ich hoffe, dass Sie durch das Lesen dieses Buches zu einem besseren Verständnis des *Nagomi*-Prinzips gelangt sind. In jedem Fall wünsche ich Ihnen den Frieden und das harmonische Gleichgewicht, die Sie durch *nagomi* erreichen können.

Möge *nagomi* mit Ihnen sein!

Von Ken Mogi ist bei DuMont außerdem erschienen:
Ikigai. Die japanische Lebenskunst

FSC
www.fsc.org
MIX
Papier | Fördert gute Waldnutzung
FSC® C083411

Dieses Buch wurde klimaneutral produziert.

Klimaneutral
Druckprodukt
ClimatePartner.com/17531-2110-1001

Die englische Originalausgabe erschien 2022 unter dem Titel ›The Way of Nagomi. Live a Balanced and Harmonious Life the Japanese Way‹ bei Quercus Editions Ltd, London.

Zweite Auflage 2022

Übersetzung: Petra Huber, Sara Riffel
Lektorat: Kerstin Thorwarth
Umschlaggestaltung: Lübbeke Naumann Thoben, Köln
Satz: Fagott, Ffm
Gesetzt aus der Minion
Druck und Verarbeitung: CPI books GmbH, Leck
Gedruckt auf säurefreiem und chlorfrei gebleichtem Papier
Printed in Germany
ISBN 978-3-8321-8162-8

www.dumont-buchverlag.de